Jak odkryć swoją wartość i pokonać nieśmiałość

Alan Loy McGinnis

SZTUKA PEWNOŚCI SIEBIE

Oficyna Wydawnicza „Vocatio"
Warszawa 1994

Tytuł oryginału:
Confidence

Przekład:
Anna Nizińska

Redakcja:
Zespół „Vocatio"

Redakcja techniczna:
Urszula Cholewińska

Korekta:
Anna Palusińska

ISBN 83-85435-36-0

DEDYKACJA

Osobą, której poświęcam tę książkę, jest dr Taz W. Kinney, mój wspólnik od lat prawie piętnastu. W czasie, gdy zaczynaliśmy wspólną działalność, on był dyplomowanym psychiatrą z wieloletnią praktyką, ja zaś tylko doradcą z minimalnym przygotowaniem w zakresie terapii rodzinnej. Mimo to potraktował mnie jak partnera, stał mi się ojcem i przyjacielem, z własnej, nieprzymuszonej woli podzielił się ze mną całą swoją wiedzą. W przeciwieństwie do swych uczonych kolegów, którzy jakże często przybierają pozy primadonny, mój przyjaciel jest człowiekiem tak bliskim ludziom i życiu, jak jego przodkowie z Kentucky, skąd i on sam się wywodzi. Taz bardziej przypomina wiejskiego lekarza niż psychiatrę.

W przerwach między wizytami pacjentów każdy z nas odczuwa czasami potrzebę wetknięcia głowy do gabinetu wspólnika. W takich chwilach pytam go zwykle o radę, nieraz obaj mamy ochotę sobie pożartować, kiedy indziej konsultujemy się wzajemnie: czy na pewno zrobiliśmy wszystko, co w naszej mocy, dla tej czy innej osoby? Bardzo sobie cenię te króciutkie przyjacielskie sesje, Taz odznacza się bowiem nie tylko ogromną intuicją, ale także świeżym spojrzeniem na różne skomplikowane sprawy. Nie pamiętam, aby kiedykolwiek pozwolił sobie na cynizm czy złośliwość; cechuje go też niemal dziecięca wiara.

5

Siedząc pewnego dnia w moim gabinecie, zapytał mnie o temat następnej książki. Powiedziałem, że będzie to rzecz o własnym wizerunku, o tym, jak każdy z nas postrzega samego siebie, i że zamierzam nadać książce jednowyrazowy tytuł „Confidence"*. *Taz zapatrzył się nieruchomym wzrokiem w okno, po czym zwierzył mi się: „Wiesz, nieraz sobie myślałem, że gdybym mógł choć przez parę sekund mieć specjalną władzę od Boga, dałbym ludziom tylko jedno: to, żeby umieli lepiej o sobie myśleć".*

Książka niniejsza nie przynosi oczywiście wyczerpującej odpowiedzi na pytanie, jak poczuć własną wartość, mimo to, świadom tych niedoskonałości, poświęcam ją Tazowi W. Kinneyowi.

---

* „Confidence" – „pewność siebie". Tytuł w wydaniu polskim uległ zmianie (przyp. tłum.)

PODZIĘKOWANIA

Książkę tę – w różnych jej fazach – czytało wiele osób, wnosząc do tekstu cenne uwagi i uzupełnienia. Oto te osoby: Cindy Adams, dr Dennis Denning, Pat i Jane Henry, dr Taz Kinney, Tricia Kinney, dr Lee Kliewer, David Leek, Norman Lobsenz, Alan McGinnis jr, Sherie Newell, dr Walter Ray, Godfrey Smith III, Mike Somdal, Mary Alice Spangler, dr Robert Swinney i dr John Todd. Najlepszym znanym mi analitykiem problemów, o których mowa w książce, okazał się dr Neil Warren. Bardzo wiele zawdzięczam naszym dyskusjom, co jednak nie oznacza – czynię to zastrzeżenie z szacunku dla naszej przyjaźni – że należy go obarczać odpowiedzialnością za wszystkie przedstawiane poniżej koncepcje. Nieocenioną pomocą w całokształcie spraw związanych z tą książką służyła mi Susan Rivers. Składam na koniec podziękowania zespołowi Wydawnictwa Augsburg. Pragnę w szczególności podziękować dwom znakomitym redaktorom – Rolandowi Seboldtowi i Robertowi Molufowi.

Sporo przytoczonych poniżej przykładów zaczerpnąłem z życia moich pacjentów, tak jednak dokładnie wymieszałem fragmenty poszczególnych życiorysów, że nawet najbliżsi przyjaciele opisanych osób nie będą mogli ich rozpoznać. Nie zmieniłem tylko tego, co istotne: obrazu ich życia emocjonalnego.

12 zasad budowania pewności siebie

1. Koncentruj się na możliwościach, a nie na ograniczeniach.
2. Poznaj prawdę o sobie samym.
3. Zauważ różnicę między tym, kim jesteś, a tym, co robisz.
4. Znajdź sobie zajęcie, które będzie sprawiało ci przyjemność i które będziesz dobrze wykonywać; ćwicz tę umiejętność przez powtarzanie.
5. Zastąp samokrytycyzm przekonaniem o własnej wartości.
6. Zastąp obawę przed niepowodzeniem wyrazistym obrazem celu działania i sukcesu.
7. Pozwól sobie na trochę ekscentryczności.
8. Zawrzyj z rodzicami pokój na optymalnych warunkach.
9. Zintegruj swoje ciało i ducha.
10. Pozbądź się nieuzasadnionego poczucia winy.
11. Zaskarbiaj sobie przyjaźń ludzi, którzy pomogą ci rozwijać się.
12. Nie trać inicjatywy, nie dawaj za wygraną, nawet jeśli spotkało cię odrzucenie.

Magnes radości
i powodzenia

Powodzenie w przyjaźni, pracy, sporcie, miłości, słowem, w każdej prawie dziedzinie życia, zależy w ogromnej mierze od naszego wyobrażenia o sobie. W ludziach pewnych swojej wartości tkwi jakiś szczególny magnes przyciągający szczęście i powodzenie. Wszystko, co dobre, samo jakby wpada im w ręce, ich związki uczuciowe są trwałe, a plany życiowe kończą się na ogół sukcesem. Co więcej, osoby te umieją cieszyć się przyjemnościami, które niesie im każdy dzień. By posłużyć się słowami poety Williama Blake'a: potrafią oni „chwytać radość w locie".

Bywają jednak ludzie, których dla odmiany spotykają tylko nieszczęścia i porażki. Każda ich inicjatywa kończy się fiaskiem, a oni sami w niepojęty sposób potrafią storpedować najlepiej nawet zapowiadające się zamierzenia – czego się tkną, nie wypala. W naszej poradni często mamy do czynienia z takimi pechowcami. W większości wypadków zarówno ja, jak i moi koledzy stwierdzamy, że źródłem wspomnianych problemów są trudności z samoakceptacją. Gdy udaje nam się dodać tym pacjentom trochę wiary we własną wartość, ich problemy bardzo często rozwiązują się same.

Czy można zmienić wyobrażenie o sobie?

Największą chyba zawodową satysfakcję sprawia psychoterapeucie przypadkowe spotkanie z dawnym pacjentem, który zmienił się nie do poznania. Właśnie coś takiego niedawno mi się przytrafiło. Odwiedziła mnie pewna osoba, z którą przed laty pracowałem wyjątkowo usilnie, a która teraz mieszka w innym mieście. Doskonale pamiętam apatyczną istotę, wieczną nieudacznicę, jaką była podówczas ta młoda dama. Mijały tygodnie, a ona siedziała przede mną rumieniąc się, jąkając, nie odrywając wzroku od podłogi, całą swą postawą przekazując mi czytelny komunikat: „Nie zasługuję nawet na to, żeby z panem rozmawiać". Wciąż wyrzucano ją z pracy, związki z mężczyznami przynosiły jej tylko rozczarowania i gorycz, borykała się z trudnościami w każdej dosłownie dziedzinie życia. W trakcie naszych sesji wyjaśniła się zagadka tych niepowodzeń: miały one oczywisty związek z kryteriami stosowanymi przez tę kobietę przy ocenie własnej osoby.

Dziś – po dziesięciu latach – jej poczucie własnej wartości musiało się najwidoczniej zmienić, gdyż ujrzałem przed sobą zupełnie inną osobę. Jest świetnie opanowana, a mowa jej ciała sygnalizuje znakomite samopoczucie. Z wielkim ożywieniem opowiadała mi o sukcesach założonej przez siebie firmy, o tym, że jest szczęśliwą żoną mężczyzny, którego kocha oraz że ma kilkoro serdecznych przyjaciół.

Część literatury fachowej prezentuje daleko posunięty pesymizm autorów co do szans na zmianę wewnętrzną jednostki. Zygmunt Freud na przykład zdecydowanie w to wątpił, a i dziś w pewnych kręgach utrzymuje się ugruntowany pogląd, że osobowość człowieka w sposób decydujący kształtuje się już w dzieciństwie. A jednak – jak dowodzi praktyka – nasza autopercepcja może się zmieniać. To nieprawda, że człowiek, który z jakichś powodów nabawił się kiepskiego mniemania o sobie, już do końca życia skazany jest na niepowodzenia i niezasłużone poczucie winy. Przeciwnie, istnieje realna szansa, że przy zastosowaniu odpowiednich metod taka osoba uwolni się od dużej części negatywnych postaw, zyskując w zamian zdrowe poczucie pewności siebie.

Rozważmy przykład pewnego mężczyzny wychowanego wśród bardzo nie sprzyjających mu okoliczności. Jako chłopiec był przeraźliwie chudy i chorobliwie nieśmiały, choć oczywiście pragnął z całego serca być twardy, silny i potężnie zbudowany. Niestety, nie pomagały dziesiątki litrów wlewanego w siebie mleka ani kilogramy łykanych bananów – waga ani drgnęła. Na domiar złego chłopiec był synem duchownego, a to dla mieszkańca małego miasteczka w Ohio stanowiło dodatkowo obciążającą okoliczność. Wszyscy członkowie jego rodziny występowali publicznie w charakterze mówców, podczas gdy dla niego była to akurat najgorsza z wyobrażalnych sytuacji.

– Byłem potwornie wstydliwy i nieśmiały – powiedział po latach – i pewnie przeżyłbym życie z poczuciem, że się do niczego nie nadaję, gdyby nie interwencja jednego z moich profesorów w college'u. Byłem wtedy na drugim roku. Pewnego dnia po moim dość żałosnym występie kazał mi zostać po zajęciach.

– Długo jeszcze będziesz takim wystraszonym zającem, co to boi się dźwięku własnego głosu? – zagrzmiał.

– Radzę ci, Peale, zacznij myśleć o sobie inaczej, i zrób to, zanim będzie za późno!

13

Można by pomyśleć, że była to raczej brutalna kuracja dla tak młodego i wrażliwego chłopca, a jednak poskutkowała. Chłopiec ten nazywał się Norman Vincent Peale i stał się z czasem jednym z najpopularniejszych amerykańskich kaznodziejów i autorów. *Radzę ci, zacznij myśleć o sobie inaczej.* Czy naprawdę możliwa jest taka zmiana? Peale twierdzi, że po tej pamiętnej rozmowie coś się w nim rzeczywiście zmieniło.

– Kompleks niższości nie zniknął bez śladu, jego resztki pozostały mi do dziś, zmieniłem jednak zasadniczo sposób postrzegania samego siebie, a w konsekwencji za tym dalsze swoje losy – wyznał po latach.

Złoty środek

Czy można mieć zbyt wiele pewności siebie? O tak! Każdy z nas napotyka na swojej drodze ludzi o wybujałym *ego*, którzy skutecznie potrafią nam obrzydzić życie. Niestety, hasło „pewność siebie" bardzo często wywołuje negatywne skojarzenia, takie jak próżność, arogancja, zarozumialstwo lub coś jeszcze gorszego: nie znosząca sprzeciwu postawa zadowolonego z siebie pyszałka, którą pewni ludzie przyswajają sobie natychmiast, gdy tylko znajdą się przy władzy.

Obserwując uczestników weekendowych seminariów (zwłaszcza organizowanych w południowej Kalifornii) można łatwo dostrzec w ich zachowaniu coś żałosnego. Stojąc wykrzykują bez końca jedno zdanie: „Lubię siebie!, lubię siebie!, lubię siebie!" Popularna, współczesna psychologia kładzie, niestety nierozsądnie, zbyt duży nacisk na introspekcję i „odnalezienie siebie", nic też dziwnego, że po takiej terapii ludzie stają się osobnikami skoncentrowanymi głównie na sobie. Pewien mężczyzna, opuszczony przed paroma miesiącami przez żonę, powiedział tak swemu doradcy: „Odbyłem psychoterapię i teraz wiem, że Jane straciła wspaniałego męża. Zakochałem się właśnie w fantastycznej osobie. Samym sobie".

Trudno spokojnie przyjąć tego rodzaju wyznanie, ale już po chwili odczuwa się tylko współczucie dla takiego człowieka i jego żałosnych prób budowania swojej przesadnie pojmowanej wielkości. Za sprawą jakiegoś współczesnego szamana mężczyzna ten nadął swoje ja do niebywałych rozmiarów, przez co stał się skrajnym egocentrykiem. Nieszczęście polega na tym, że ów narcyzm – jeśliby mu pozwolić na dalszy nieskrępowany rozwój – bardzo szybko zrazi i odstręczy te osoby, których miłość niezbędna jest dla przezwyciężenia kryzysu.

Apostoł Paweł przestrzega, abyśmy nie myśleli o sobie lepiej, niż powinniśmy, powstaje zatem kwestia: *Jakie powinno być to mniemanie?* Złoty środek leży gdzieś pomiędzy samouwielbieniem – zalecanym przez jednych – a fałszywą skromnością – głoszoną przez innych, błędnie interpretujących nakaz pokory. Analizując różne metody prowadzące do wzmocnienia osobistej pewności, postaramy się przy okazji zbadać istotę chrześcijańskiej pokory. Najważniejsze to zauważyć, że istnieje złoty środek; człowiek więc nie musi być ani zadufanym w sobie bufonem, ani też kompletnym niedołęgą.

Na zmiany nigdy nie jest za późno

Wielu z nas regularnie rozpoczyna realizację coraz to nowych programów samodoskonalenia. Postanawiamy zrzucić zbędne kilogramy, skończyć z paleniem, systematycznie się gimnastykować, więcej czytać, zapisać się na aerobik itd., itd. Decydujemy się na to wszystko przeważnie dlatego, że jesteśmy z siebie niezadowoleni. Wydaje nam się zarazem, że zmieniając takie czy inne zachowanie, staniemy się szczęśliwsi.

Zakładając, że przez dokonanie zmian zewnętrznych poczujemy się lepiej wewnątrz, popełniamy błąd. Wiele osób wpada w tę pułapkę, bowiem przytoczone rozumowanie zawiera pewne pozory prawdy, i to one prowadzą nas na manowce. Kiedy zdobywamy nagrody czy kolejne stopnie naukowe, osiągnięciom tym rzeczywiście towarzyszy dobre samopoczucie, nasuwa się więc natychmiastowy wniosek: aha, zmieniając działania zewnętrzne – zwłaszcza zaś robiąc to, czego życzy sobie otoczenie – sprawiamy, że zmienia się nasz świat wewnętrzny.

Tymczasem proces zmian przebiega odwrotnie. Zasadnicza zmiana rozpoczyna się wewnątrz, później dopiero objawiają się jej skutki zewnętrzne. Przemiana jest uzależniona od naszej duchowej dojrzałości. Praca nad własnym sposobem myślenia pociąga za sobą zmianę zachowań. Jeśli zaczniemy inaczej o sobie myśleć, inaczej siebie komentować, postrzegać siebie w innym świetle, przeważająca większość naszych zachowań dopasuje się do tych zmian niejako automatycznie.

Celem niniejszej książki jest zaprezentowanie metod prowadzących do zmiany wewnętrznej. Znajdziemy tu więc proste i praktyczne techniki, które sprawdziły się w życiu tysięcy ludzi, którzy odnieśli sukces. Są wśród tych technik proste ćwiczenia pomagające poprawić dobre mniemanie o sobie, są też zasady, których warto się trzymać w sytuacji, gdy nasz szacunek dla siebie w zbyt wielkim stopniu zależy od zewnętrznych sukcesów i porażek.

Radykalna zmiana wyobrażeń na temat własnej osoby nie nastąpi z dnia na dzień, kosztować też będzie niemało wysiłku, jest ona jednak możliwa. Pewność siebie to dobro dostępne każdemu. Dr Karl Menninger napisał kiedyś:

Lęki kształtują się w naszym wnętrzu – można się ich pozbyć, wydobywając je na zewnątrz.

CZTERY NAJWAŻNIEJSZE ZASADY BUDOWANIA PEWNOŚCI SIEBIE

Część pierwsza

Gorąco wierzę w wielkość naszego gatunku, zżymam się więc na modne obecnie sprowadzanie rodzaju ludzkiego do kategorii stanowiącej taką sobie, jakkolwiek dość udaną część przyrody. Wprost przeciwnie – jesteśmy wspaniałą, wyjątkowo spektakularną manifestacją życia.

Dr Lewis Thomas*

Umiejętność korzystania ze zdolności

Młodziutka Helen Hayes usłyszała pewnego dnia od swego producenta, George'a Tylera, że miałaby szansę stać się jedną z największych aktorek swoich czasów, gdyby była o dziesięć centymetrów wyższa.

– Postanowiłam – wyznała Helen – pokonać tę barierę. Cała rzesza specjalistów od rozciągania mięśni i kości poddawała mnie zabiegom przypominającym średniowieczne tortury. Nie przyniosły one oczywiście żadnego rezultatu, ale zyskałam dzięki nim iście żołnierską postawę. Spośród wszystkich kobiet świata mierzących 152 centymetry ja stałam się tą najwyższą! No i proszę, to, że nie skapitulowałam przed swoim ograniczeniem

* Dr Lewis Thomas (ur. 1913) – doktor medycyny.

fizycznym, pozwoliło mi zagrać Marię Stuart, jedną z najroślejszych władczyń, jakie zna historia.

Helen Hayes odniosła sukces, bo zamiast koncentrować uwagę na niedostatkach, wolała skupić się na swoich mocnych stronach i ukrytych do tej pory możliwościach. I taka jest właśnie pierwsza podstawowa zasada budowania pewności siebie:

KONCENTRUJ SIĘ NA MOŻLIWOŚCIACH, A NIE NA OGRANICZENIACH.

Nie jest bynajmniej moim zamiarem udzielanie dobrych rad à la Pollyanna, ani też propagowanie „motywacyjnych" pseudotechnik zalecanych przez nieodpowiedzialnych psychoterapeutów. Wmawiają nam oni na przykład, jakie to z nas cudowne istoty dysponujące nieograniczonymi możliwościami. Wystarczy uwierzyć w siebie, aby osiągnąć absolutnie wszystko. Otóż nie. Nikt z nas nie jest doskonały, zakres naszych działań wyznaczają zawsze pewne indywidualne ograniczenia, a sama wiara we własne możliwości nie czyni nas wszechmocnymi. Mówiąc na przykład dzieciom, że mogą osiągnąć wszystko, o czym zamarzą, rozmijamy się zawsze z założonym celem: niszczymy ich pewność siebie, zamiast ją wzmacniać. Dziecko bowiem, widząc że jego marzenie się nie spełnia, winą za to obarcza siebie: „No tak, pewnie ze mną coś jest nie w porządku". Czy to nie okrucieństwo wmawiać dziewczynce pozbawionej słuchu muzycznego, że może zostać wielką śpiewaczką? Nie każmy chłopcu o ilorazie inteligencji niższym od przeciętnego wyobrażać sobie, że zrobi karierę jako naukowiec!

Nikt jednak nie posądzi nas o brak realizmu, jeśli uświadomimy dzieciom, że zostały stworzone przez Boga

– każde z nich jest więc osobą niesłychanie ważną – że tkwią w nich pewne zasoby zdolności i energii, ale że ich utajone możliwości, które otrzymali od Boga, są daleko większe niż te widoczne obecnie. Zwolennicy myślenia pozytywnego mają w jednym miejscu rację: *naprawdę nosimy w sobie zdolność do przekształcania świata przez zmianę naszych postaw,* a potencjał ludzkiego organizmu jest zaiste wprost niewiarygodny. Einstein w swojej ostatniej książce mocno ubolewał nad tym, że wykorzystał tylko niewielką część własnych zdolności. Admirał Byrd, który jako pierwszy dokonał przelotu nad dwoma biegunami – Północnym i Południowym – wyznał:

Bardzo niewielu ludzi zbliża się zaledwie do wyczerpania swoich zasobów wewnętrznych. Człowiek to głęboka studnia nigdy do końca nie wykorzystanej siły.

Wspaniałość stworzenia

Wielu pacjentów skarży mi się na kompleks niższości: tylu jest ludzi inteligentniejszych od nich, przystojniejszych, dowcipniejszych... Nie są to, nawiasem mówiąc, osoby chore psychicznie. Kiedyś przychodziło się do kliniki psychiatrycznej tylko w razie depresji samobójczej lub gdy słyszało się głosy, teraz poczekalnie pełne są normalnych, aktywnych zawodowo ludzi, którzy po prostu czują się nieszczęśliwi.

Bardzo chciałbym powiedzieć pacjentowi z kompleksem niższości: „Dajże spokój, jesteś równie inteligentny jak inni", jednakże zdaję sobie sprawę, że w wielu wypadkach popełniłbym nieuczciwość. Wbrew temu, co mówi Deklaracja Niepodległości, nie jesteśmy równi, muszę więc stosować inne metody. Uświadamiam zatem moim pacjentom, że są wspaniałym dziełem najwspanialszego Boga i z tego wynika ich wartość. Rozpoczynamy proces budowania właściwej pewności siebie z chwilą, gdy zrozumiemy, że jesteśmy dziełem rąk Najwyższego.

Pewnej nocy na smaganym wichurą brzegu jeziora Michigan stanął 32-letni zdesperowany bankrut. Już miał rzucić się w lodowate odmęty, gdy przypadkiem spojrzał na usiane gwiazdami niebo. Niespodziewanie ogarnął go wielki podziw, a w głowie błysnęła mu myśl: „Nie masz prawa się unicestwiać. Nie należysz do siebie". R. Buckminster Fuller poniechał samobójczego zamiaru, po czym rozpoczął błyskotliwą karierę. Najlepiej znany jako konstruktor kopuły geodezyjnej, Fuller stał się autorem ponad 170 patentów, zdobył światowy rozgłos jako inżynier, matematyk, architekt i poeta.

Przeżycie Buckminstera Fullera nad jeziorem Michigan było echem psalmu, którego autor także kontemplował nocne niebo. Zdjęty podziwem nad jego wspaniałością napisał:

Gdy patrzę na Twe niebo, dzieło Twych palców,
księżyc i gwiazdy, któreś Ty utwierdził:
czym jest człowiek, że o nim pamiętasz,
i czym – syn człowieczy, że się nim zajmujesz?

W obliczu tych cudów psalmista poczuł się niepewnie, świadom swojej małości, lecz oto nadeszła odpowiedź na jego pytanie:

Uczyniłeś go niewiele mniejszym od istot niebieskich,
chwałą i czcią go uwieńczyłeś (Ps 8,4-6).

Czy chcemy tego, czy nie, będąc dziełem Boga, który hojnie nas wyposażył w nadzwyczajne zdolności, dostępujemy zaszczytu, lecz zarazem obciążeni zostajemy niewątpliwą odpowiedzialnością.

Filtr wewnętrzny

Skoro Bóg stworzył rodzaj ludzki ku tak wielkiej czci i chwale, cóż powstrzymuje nas przed wykorzystaniem danego nam potencjału? Otóż przyczyną tego bywa nierzadko obsesja na punkcie własnych braków. Zamiast dostrzegać wspaniałą całość, widzimy wciąż tylko poszczególne tak zwane defekty. Wyobraźmy sobie, że ładna dziewczyna przygotowuje się do wyjścia na randkę, ale tak się fatalnie składa, że akurat w tym tygodniu wyskoczył jej pryszcz na policzku. Czy dziewczyna ta myśli o wszystkich swoich zaletach, które każdego obiektywnego obserwatora (między innymi jej chłopca) wprawiłyby w zachwyt, kazałyby mu stwierdzić, że jest piękna? O nie, ona widzi jedynie ten nieszczęsny pryszcz, więc jeśli chłopak odważy się na komplement, ona najprawdopodobniej uzna to za czyste pochlebstwo albo – co gorsza – kłamstwo.

My, terapeuci, często obserwujemy to dziwne zjawisko, że ludzie, którzy wątpią w swoją wartość, nie potrafią przyjmować komplementów! A przecież można by sądzić, że ten, komu brak pewności siebie, powinien tym chętniej akceptować wszelkie wyrazy uznania. W rzeczywistości dzieje się akurat odwrotnie. Nikt i w żaden sposób nie potrafi wyperswadować człowiekowi jego fałszywego wizerunku, jeśli powstał on jako rezultat wypaczonej autopercepcji i niechętnej postawy wobec siebie. Tacy ludzie nigdy nie uronią słowa krytyki, natomiast pochwały z reguły puszczają mimo uszu.

Jeśli przeanalizować mechanizm tego procesu, łatwo dojść do wniosku, że my, ludzie, mamy jakiś wewnętrzny filtr pozwalający przenikać do świadomości jedynie określonym informacjom – to jest takim, które potwierdzają nasze własne przekonanie o sobie samym. Powiedzmy, że dziewczyna myśli w następujący sposób:

- Jestem całkiem dobrą sportsmenką.
- Jestem kiepska z matematyki.
- Mam zaledwie przeciętny iloraz inteligencji.
- Twarz mam ładną, ale figurę okropną.

Każda nowa informacja docierająca do naszej przykładowej bohaterki napotyka wspomnianą wyżej barierę i to, czy zostanie wchłonięta, zależy od jej treści. Zdanie „naprawdę świetnie grasz w tenisa" przenika przez filtr wewnętrzny, dziewczyna dziękuje za komplement, gdyż uwaga ta zgadza się z jej przekonaniem („jestem dobrą sportsmenką"), ale już pochwała typu: „ładnie wyglądasz, jesteś taka zgrabna" nie ma szans na uznanie, ponieważ adresatka jest przekonana, że ma fatalną figurę.

Parę lat temu zetknąłem się z bardzo jaskrawym przykładem takiej postawy. Podczas grupowych zajęć terapeutycznych kolejno zwracaliśmy się do poszczególnych uczestników z pytaniem o ich wyobrażenia o własnym ciele. „Widzę siebie jako osobę grubą i pryszczatą" – oznajmiła w pewnej chwili jedna z kobiet. Cała grupa ryknęła na to gromkim śmiechem: pani, która wypowiedziała te słowa, miała ponad 175 centymetrów wzrostu, figurę modelki, piękne, długie włosy i nieskazitelną cerę. No tak, ale w wieku dojrzewania była rzeczywiście gruba i pryszczata, a otoczenie – być może w sposób dość okrutny – dawało jej odczuć, jak bardzo jest nieatrakcyjna. Chociaż dziś to zupełnie inna kobieta, jej wizerunek wewnętrzny nie zmienił się ani trochę. No dobrze, ale czy nikt od tego czasu nie powiedział jej, jaka jest szczupła i piękna? Ależ tak, z całą pewnością, i to wielokrotnie, tyle że jej filtr wewnętrzny nie przepuszczał takich opinii.

Zrezygnuj z porównań

Kolejnym czynnikiem wywołującym obsesję na punkcie własnych niedoskonałości jest skłonność do porównywania siebie z bliźnimi. Nic chyba w sposób tak skuteczny nie podkopuje pewności siebie, jak ustawiczne obserwowanie otoczenia w celu poszukiwania różnic i podobieństw. Zupełnie jakbyśmy mieli na głowach radarowe antenki, które ciągle próbują namierzyć kogoś szybszego od nas, ładniej opalonego czy bystrzejszego. No, a gdy ktoś taki znajdzie się na horyzoncie, czujemy się zdruzgotani.

Opieranie poczucia własnej wartości na porównaniach to istne szaleństwo, bo wprawiamy się tym sposobem w nieznośną huśtawkę nastrojów. Powiedzmy, że wyszliśmy z domu zadowoleni ze swego wyglądu, wystarczy jednak, że po południu znajdziemy się w towarzystwie osoby uderzająco pięknej, a już zaczynamy uważać się za szpetnych, i to do tego stopnia, iż najchętniej zapadlibyśmy się pod ziemię. Inny przykład: możemy doskonale zdawać sobie sprawę z własnej ponadprzeciętnej inteligencji, ale gdy zdarzy nam się spotkać z kimś jeszcze inteligentniejszym, ogarnia nas rozpacz: wszystko, co mówimy, wydaje nam się intelektualną sieczką.

Wielu z nas ma starsze rodzeństwo, z którym zażarcie próbowaliśmy rywalizować, przy czym wysiłki te były oczywiście z góry skazane na niepowodzenie. Jakkolwiek by się człowiek nie starał, i tak zawsze był niższy, mniej zręczny, mniej elokwentny od starszego brata czy siostry, a że zwyczajem starszego rodzeństwa jest wyśmiewanie się z młodszych, przywykliśmy z czasem odnosić się do siebie krytycznie. Niejednemu nawyk ten pozostał na całe życie.

Bóg wszelako nie stworzył nas tak, byśmy byli jak nasze rodzeństwo, ani też ktokolwiek inny. Każdy jest istotą jedyną i niepowtarzalną. Zdaniem genetyków szanse na to, by dana para małżeńska wydała na świat drugie identyczne dziecko, są jak 10 do potęgi 2 000 000 000, zatem kombinacja cech składających się na ową całość, o której mówimy „ja", praktycznie nie może się nigdy powtórzyć. Jeśli to prawda, to badanie owego unikatu, a zwłaszcza zapewnienie mu właściwego rozwoju staje się zadaniem najwyższej rangi.

Wartość człowieka ani nie ulega obniżeniu przez kontakt z kimś, kto przypadkiem lepiej gra na jakimś instrumencie, jest sławniejszy czy bogatszy, ani też nie rośnie w towarzystwie ludzi o mniejszych niż nasze osiągnięciach. Pismo Święte naucza, że każdy człowiek jest wartością zupełnie niezależną od istnienia jakichkolwiek innych osób, gdyż stanowi niepowtarzalne dzieło Stwórcy.

Chasydzki rabin imieniem Zuscha, zapytany na łożu śmierci, jak wyobraża sobie Królestwo Niebieskie, odpowiedział:

– Nie mam pojęcia, wiem za to jedno. Nie spytają mnie tam: „Dlaczego nie stałeś się Mojżeszem? Dlaczego nie stałeś się Dawidem?" Będą pytać mnie tylko: „Dlaczego nie stałeś się Zuschą? Dlaczego nie stałeś się w pełni sobą?"

Starożytny filozof grecki Arystoteles tysiące lat temu doszedł do wniosku, że każda istota ludzka ma nieporównywalny z żadną inną potencjał wewnętrzny, który tak samo naturalnie domaga się realizacji, jak żołądź pragnie stać się tkwiącym w nim potężnym dębem. Temu rozwojowi ma służyć wychowanie. Rodzice znanego amerykańskiego aktora i reżysera Sydneya Poitiera nigdy pewnie nie słyszeli o Arystotelesie, mimo to intuicyjnie postępowali w myśl jego koncepcji. Nauczyli swoje dzieci takiej wiary we własne siły, jaka nie poddaje się żadnym słabościom.

Byłem produktem systemu kolonialnego – pisze Poitier. Im ciemniejszą miało się skórę, tym mniej możliwości... Moi rodzice byli strasznie, ale to strasznie biedni, a filozofia ubóstwa dosyć szybko zaczyna mieszać człowiekowi w głowie. Ja w rezultacie wyhodowałem w sobie zagorzałą dumę, którą zresztą młotkiem do głowy wbijali mi moi rodzice – Evelyn i Reggie,

26

a zwłaszcza Evelyn. Bynajmniej nie uważała za stosowne tłumaczyć się z faktu, że majtki szyje mi z worków po mące. To, że chodziłem z napisem Mąka Imperial na tyłku, kwitowała słowami: Najważniejsze, że są czyste. I przez tę to kobietę, a może właśnie dla tej kobiety, zawsze i wszędzie pragnąłem być kimś niezwykłym.

Rób, co umiesz najlepiej, w miarę własnych możliwości

Wszyscy mamy swoje słabości. Sztuka polega na tym, żeby ustalić, które z tych słabych stron rokują szanse na poprawę, a potem zacząć nad nimi pracować, zapominając o pozostałych brakach. Wiadomo na przykład, że w matematyce niektórzy z nas nigdy nie dorównają innym. Ważne jednak, aby ci słabsi przestali się tym zamartwiać i skupili całą energię na doskonaleniu innych swoich umiejętności – tego, co im idzie dobrze. Jezusowa przypowieść o talentach kończy się konkluzją, że nie od nas zależy przydział darów na tym świecie. Naszym obowiązkiem jest przyjąć te, które nam dano, i zrobić z nich możliwie najlepszy użytek.

Za przykład niech posłużą losy Yoshihika Yammamoty z Nagoi. Kiedy miał sześć miesięcy, lekarze powiadomili rodziców, że dziecko cierpi na wodogłowie, to znaczy nadmierne nagromadzenie płynu w mózgu, i najprawdopodobniej będzie trwale upośledzone umysłowo. Ubytek słuchu, który pociągnął za sobą zahamowanie rozwoju mowy, iloraz inteligencji nie przekraczający 47 punktów, wszystko to rokowało chłopcu niewesołą przyszłość.

I oto w szkole specjalnej pojawił się nowy nauczyciel, Takashi Kawasaki, który bardzo szybko polubił swego cichutkiego, grzecznego ucznia. Po pewnym czasie chłopiec zaczął się uśmiechać na lekcjach, powolutku nauczył się przerysowywać ideogramy z tablicy, tak że w końcu potrafił się już podpisać. Całymi godzinami pracowicie kopiował rysunki z książek i tygodników.

Pewnego dnia Yammamoto wykonał bardzo dokładny szkic pałacu w Nagoi. Precyzyjne linie tego rysunku przypominały grafikę. Nauczyciel polecił chłopcu przenieść szkic na drewnianą płytę i zachęcił go do wykonania odbitek. Kawasaki posłał na koniec kilka grafik Yammamoty na konkurs sztuki plastycznej zorganizowany przez władze miejskie Nagoi. Chłopiec zdobył pierwszą nagrodę. Dziś jego uczniowskie prace zdobią mieszkania bogatych bankierów i właścicieli wielkich domów towarowych. Yoshihiko Yammamoto nadal musi prowadzić bardzo uregulowany tryb życia, nie lubi zresztą żadnych zmian w swoim rozkładzie zajęć. Wstaje o siódmej, ścieli łóżko, o siódmej czterdzieści je śniadanie, o ósmej jedzie autobusem do szkoły, gdzie uczy się pisma obrazkowego, a potem pracuje nad grafikami. W południe wychodzi do centrum handlowego po ulubione pieczywo, wraca do szkoły i punktualnie o pierwszej znów zasiada do swoich grafik. O piątej po południu wraca do domu, je kolację, ogląda telewizję, po czym o oznaczonej porze kładzie się do łóżka.

No i czy to ważne, że Yoshihiko Yammamoto ma iloraz inteligencji niższy od przeciętnego i że jego ograniczenia są faktem? Nie! Ważne, że w miarę własnych możliwości robi to, co umie najlepiej, że nie popadł w obsesję na punkcie wrodzonych ograniczeń, ale zrobił dobry użytek ze swych ukrytych zdolności.

**Koncentruj się
na możliwościach,
a nie na ograniczeniach** _____

...i poznacie prawdę, a prawda was wyzwoli.

Ewangelia wg św. Jana 8,32

Odkrywanie swojej wewnętrznej oryginalności

– Czy umiesz leczyć samotność? – spytał Charlie Brown kobietę imieniem Lucy, rozpartą za straganem z napisem: „psychiatra, 5 centów".
– Umiem leczyć wszystko – odparła z przekonaniem.
– Potrafisz wyleczyć z samotności głębokiej jak studnia bez dna i długiej jak sama wieczność?
– I to wszystko za jedyne pięć centów?

My, terapeuci, czujemy się chwilami trochę jak Lucy. Pacjenci przynoszą nam tak głęboko zakorzenione, tyle lat liczące sobie problemy, że nie da się ich rozwiązać za pomocą prostych działań.

Takim daleko idącym uproszczeniem byłoby na przykład doradzanie ludziom pozbawionym wiary we własne siły, że powinni „pokochać siebie". Przede wszystkim prawie każdy ma w sobie coś takiego, czego nie potrafi pokochać i co pragnąłby zmienić. Po wtóre, radząc innym, by kochali siebie, zakładamy z góry, że znają oni swoje wnętrze, a to dość niebezpieczna supozycja. Freud dowiódł bezspornie, że postępowanie znacznej części ludzi napędzane jest mechanizmem podświadomości, a na ogół nie mają oni o tym zielonego pojęcia. Uczciwe poznanie samego siebie jest więc podstawowym warunkiem zyskania zdrowej pewności siebie.

Ludzie często przychodzą do mnie po to, żeby usłyszeć konkretną radę. Staram się im wtedy wytłumaczyć, że jestem nie tyle dawcą dobrych rad, ile lustrem, w którym mogą się przejrzeć, a najważniejsza korzyść płynąca z naszych spotkań tkwi nie w tym, co ja mówię, ale oni sami. Opowiadając mi o swoich losach, mogą dokonać ważnych odkryć – dowiedzieć się czegoś o sobie. A nie jest to sprawa błaha, bo zrozumienie siebie stanowi istotny krok na drodze ku odnalezieniu radości.

Druga podstawowa zasada budowania pewności siebie brzmi więc:

POZNAJ PRAWDĘ O SOBIE SAMYM.

Swoich nowych pacjentów pytam zwykle na wstępie, czego im trzeba, żeby się poczuli szczęśliwi. Nieraz formułuję to w ten sposób: „Gdybyście mieli nieograniczoną liczbę pieniędzy i mogli dowolnie wybrać sobie taki sposób życia, który by wam sprawiał przyjemność, jak by to wyglądało?" Z początku na wszystkich twarzach pojawia się szeroki uśmiech i zaczynają płynąć opowieści o wylegiwaniu się na Karaibach, o nieustających wakacjach, ale już po chwili ludzie jednogłośnie dochodzą do wniosku, że ten raj szybko by im się znudził. No więc, jak ułożyliby sobie życie? Większość nie potrafi w ogóle odpowiedzieć na to pytanie, co oznacza, że ludzie ci zupełnie stracili kontakt z własnymi pragnieniami, marzeniami, zamiłowaniami. Są nieszczęśliwi i doskonale o tym wiedzą, ale tak już przywykli tłumić swoje emocje, że bardzo trudno wydobyć z nich wspomnianą informację.

Nigdy nie odznaczałam się urodą – napisała Golda Meir, była premier Izraela, w okresie sprawowania swego urzędu. – Był taki czas, kiedy ubolewałam nad tym; miałam już wtedy tyle lat, że rozumiałam, jakie to ważne, a spoglądając w lustro, zdawałam sobie sprawę, że nigdy mi to nie będzie dane.

W jaki sposób udało się pani Meir przezwyciężyć poczucie niższości?

Odkryłam, co pragnę robić, jak żyć i to, że nikt mnie nie nazwie ładną, przestało mieć jakiekolwiek znaczenie.

Dalej Golda Meir wyjaśnia, że brak urody okazał się w pewnej mierze zamaskowanym dobrodziejstwem, bo zmusił ją do uaktywnienia rezerw wewnętrznych. Najistotniejszą myśl zawiera jednak przytoczone wyżej zdanie: *Odkryłam, co pragnę robić, jak żyć.* Ja z ubolewaniem myślę o tych ludziach, którzy na tak wiele lat utracili zdolność rozumienia siebie, że dziś absolutnie nie mają pojęcia, co naprawdę chcieliby robić i kim być.

„Bądź mężczyzną!"

Jak to się dzieje, że tak mało o sobie wiemy, że tak daleko potrafimy odejść od zrozumienia siebie? Rozważmy prosty przykład podsunięty mi przez doktora Warrena. Jest sobota. Trzyletni chłopczyk bawi się na chodniku, a jego tata myje przed domem samochód. Po drugiej stronie ulicy bawi się dwóch starszych chłopców. Malec z całego serca pragnie się do nich przyłączyć, ale ponieważ nie ma odwagi o to poprosić, więc przynajmniej usiłuje im zaimponować. Coraz gwałtowniej manewruje swoim dziecięcym autkiem, tak że w końcu wypada z niego na chodnik. Widząc swe otarte do krwi łokcie, zaczyna płakać. Ojciec, z lekka zawstydzony, że z syna taka niezdara i beksa (starsi chłopcy śmieją się z niego do rozpuku) mówi podenerwowanym tonem:

– Daj spokój, przestań ryczeć, nic ci się strasznego nie stało! Bądź mężczyzną!

Zbity z tropu malec usilnie stara się zrozumieć, o co tu chodzi. „Chce mi się płakać – myśli. – Dawniej zawsze płakałem, kiedy mnie bolało, ale tatuś gniewa się, gdy płaczę. Następnym razem lepiej będzie nie płakać.''

Dziecko uczy się więc zaciskać zęby i zachowywać tak, jakby nie doznało uczucia bólu; oto początek procesu wypierania się własnych uczuć. Jeśli mała dziewczynka okazuje niechęć kuzynce albo „nienawidzi'' brata, matka wbija jej do głowy, że to bardzo źle, że nie wolno żywić takich uczuć. Jakże często zirytowany ojciec krzyczy na dziecko, które podekscytowane jakimś przeżyciem wpada jak huragan do pokoju: „Ciszej! Co się z tobą dzieje?!'' Gdy takie reakcje powtarzają się dziesiątki razy, dziecko dochodzi do wniosku, że aby nie narażać się dorosłym, nie wolno ulegać impulsom – trzeba po prostu tłumić wyrażanie uczuć.

Przymiarki różnych tożsamości

W okresie dojrzewania oblewani jesteśmy często kubłem zimnej wody, kiedy to na gwałt wypróbowujemy coraz to nowe osobowości, zmieniając je w takim tempie, jakbyśmy stali przed lustrem w magazynie z modną konfekcją. Jeśli tytułem eksperymentu zafundujemy sobie osobowość ekstrawagancką, może to wywołać dosyć niemiłe reperkusje.

Pewien mój znajomy miał następującą przygodę: Gdy zatrzymał się na skrzyżowaniu, czekając na zmianę świateł, przed maską jego samochodu przedefilowała grupa trzynastolatek ubranych w mundurki którejś z miejscowych szkół. Jedna z nich głośno zaczepiła mego przyjaciela: „Hej, przystojniaczku, chcesz się zabawić?" Powiedziawszy to zachichotała i pędem dogoniła swoje koleżanki, które zbite w stadko na chodniku, ze śmiechem przyglądały się tej scenie. Mój znajomy doszedł do wniosku, że dziewczynkę z pewnością podpuszczono: „Nie zrobisz tego!" „A właśnie, że zrobię!" Mogło tak być, ja jednak sądzę, że był to swoisty eksperyment. Nastolatka „przymierzała" inną osobowość, chcąc się przekonać, jak też się będzie w niej czuła. Myślę również, że nigdy już tej próby nie powtórzyła. Jak pisze pewna autorka:

Czternastoletnia dziewczyna tym się głównie charakteryzuje, że nie posiada cech wyróżniających ją z grupy równolatek. Wszystkie one myślą i mówią tak samo. Od czasu do czasu dokonują szaleńczego zrywu w stronę indywidualności, po czym drżąc ze strachu jak osiki, gnają pod skrzydła mamusi. Ich osobowość to wciąż jeszcze bezkształtna plama. Czternastolatka może niewyraźnie wyczuwać, że woli biologię od historii, ale to wszystko. Nadal jest w fazie poczwarki.

Eksperymenty z osobowością są rzeczą normalną i zazwyczaj przynoszą korzyści, jeśli tylko rodzice potrafią zrozumieć, że ich dzieci nie mają jeszcze jasnego obrazu własnej tożsamości.

Wyobraźmy sobie jednak, że rodzice dziewczyny, która zaczepiła mojego znajomego, dowiadują się od rodziców koleżanek o tym małym błażeństwie swojej córki i uważają je za rzecz skandaliczną. „Wierzyć nam się nie chce, że zrobiłaś coś podobnego! Do głowy by na przyszło, że nasza córka potrafi się w taki sposób zachować! Co w ciebie wstąpiło?" A przecież córka zrobiła sobie tylko małą przymiarkę wybranej osobowości, którą już zresztą najpewniej zdążyła odrzucić, jako że zupełnie jej nie pasowała.

Nadmiernie surowi rodzice lub wychowawcy mogą łatwo wpoić młodym ludziom własne przeświadczenie, że w głowach dorastających dziewcząt i chłopców lęgną się „złe" uczucia i myśli. Rezultat jest taki, że panicznie zaczynają się oni bać tego, co dzieje się w ich wnętrzu, postanawiają więc poddać uczucia ścisłej kontroli, a niektóre w miarę możności nawet eliminują. I tak oto zaczynają wypierać się uczuć, co znacznie utrudnia zdrowe ich przeżywanie.

Pewnej kontroli emocjonalnej, rzecz jasna, dzieci muszą się nauczyć. Człowiek żyjący w społeczeństwie nie może zachowywać się jak szympans. Ale i proces uspołecznienia jednostki niesie z sobą pewne niebezpieczne zjawiska, które też sprawiają, że zaczyna ona odrzucać swoją wewnętrzną wspaniałą oryginalność.

Nie bój się własnej niedoskonałości

Wcale nie zamierzam twierdzić, że gdyby tylko pozwolono nam w pełni się uzewnętrznić, wszyscy bez wyjątku okazalibyśmy się piękni i niewinni. Chcę jedynie podkreślić, że oznaką zdrowia psychicznego jest umiejętność zaakceptowania niedoskonałych aspektów własnej natury. Kłopot polega na tym, że większość popularnych teorii psycho̶l̶o̶ ̶z̶nych zaleca wprawdzie skwapliwe korzy-
sta̶ ̶ ̶ ̶ ó̶w, odnoszenie się do siebie prawie ze zbożnością, ̶ ̶vianie myślenia pozytywnego, ale nie daje ̶ ̶ ̶ ̶stawiać czoła grzesznej naturze, która ̶ ̶ ̶ ̶ażdym z nas.

̶ ̶ ̶ ̶rych początków miał bardzo realistycz-
̶ ̶ ̶ ̶ność natury ludzkiej. „Jeśli mówimy,

34

że nie mamy grzechu, to samych siebie oszukujemy i nie ma w nas prawdy" – stwierdza bez ogródek Pismo Święte (1 J 1,8). Fragment ten jasno uświadamia, że krokiem na drodze wiodącej ku harmonijnej całości jest rzetelny ogląd ciemnych stron własnej natury, a nie chowanie grzeszków pod korcem i udawanie, że ich nie ma.

Ktoś wypowiedział kiedyś trafną myśl, że jedynym uczuciem, które naprawdę może wyrządzić człowiekowi krzywdę jest to, do którego się on nie przyznaje. Ignorując swoje ciemne strony, spychając je do podziemi, dajemy im ogromną władzę nad sobą.

Rozpatrzmy prosty przykład. Rozmawiając z ludźmi o ich braciach lub siostrach, którym powiodło się lepiej, zadaję pytanie:

– Czy nie zazdrości pani swojej siostrze? Czy jej powodzenie, zamożność nie budzą w pani zawiści?

– O nie, cieszę się z tego. Przecież to moja siostra, kocham ją. Nie, dumna jestem, że udało jej się tyle osiągnąć – mówi pacjentka, ale nie słyszę w jej tonie przekonania. Ta odpowiedź to czysty stereotyp.

– Czy na pewno? – drążę dalej. – A sama nie chciałaby pani osiągnąć tyle co siostra, a może nawet więcej? Czy nie zdarzają się takie chwile, że jej pani nie lubi?

Długo patrzy mi w twarz i bada siebie, chcąc się upewnić, że to, co powie tym razem, będzie prawdą...

– Hm, może ma pan rację. Rzeczywiście, kiedy zbierze się cała rodzina, krew mnie zalewa, że wszyscy robią wokół niej takie halo. Wstyd mi to mówić, bo moja siostra jest naprawdę zdolna i wszystko zdobyła ciężką pracą, ale tak, to prawda: gdzieś wewnątrz jestem zazdrosna.

Znać siebie nie znaczy pobłażać sobie

Przyjęcie do wiadomości tkwiących w nas odruchów i pragnień bynajmniej nie oznacza, że mamy się nimi szczycić, czy też pozwalać im sobą władać. Wprost przeciwnie. Stwierdzając, że ma się jakąś skazę charakteru lub że w przeszłości popełniliśmy rzecz mało chwalebną, musimy sobie powiedzieć: „Nie podoba mi się to ani trochę i postaram się to zmienić, ale przyjmuję do wiadomości, że istnieją we mnie te cechy". Ów akt woli może wydać się niektórym czymś zbyt oczywistym lub zgoła niepotrzebnym, ja jednak na każdym kroku stykam się ze zjawiskiem wypierania się własnych niedostatków i błędów życiowych -- jest to niestety praktyka prawie nagminna.

Kiedy nakłaniam ludzi do pewnego rozluźnienia sprawowanej samokontroli po to, żeby mogli odczuć ból, zaakceptować w sobie takie uczucia, jak gniew czy gorycz odrzucenia, słyszę w odpowiedzi protesty: „Nie ma sensu się nad sobą rozczulać. Co mi z tego przyjdzie?" To tylko część prawdy, ponieważ istnieje różnica między użalaniem się nad sobą a prawdą o sobie! Taką prawdę na pewno warto poznać. Zrozumienie siebie jest przeciwieństwem litowania się nad sobą i często wymaga nie tylko uczciwości, ale i niemałej odwagi. Nathaniel Branden bardzo ostro rozgranicza te dwie sprawy:

Litować się nad sobą to znaczy nic nie robić, aby uporać się ze swoim cierpieniem lub je przynajmniej zrozumieć; to narzekać na cierpienie, uchylając się równocześnie od stawienia mu czoła, to dawać ciągły upust przekonaniu o okrucieństwie życia, bezowocności walki z losem, beznadziejności własnej sytuacji. Zdanie: „W tej chwili czuję się beznadziejnie", nie jest litowaniem się nad sobą, ale już stwierdzenie: „Moje położenie jest beznadziejne" – tak (przynajmniej w większości wypadków). W zdaniu pierwszym podmiot określa swoje uczucia, w drugim konstatuje rzekomy fakt. Opis uczuć, nawet najbardziej bolesnych, może wprost przynieść skutek leczniczy, podczas gdy wygła-

szanie rzekomych prawd o świecie i życiu, powodowane wyłącznie chwilową emocją, prowadzi, generalnie rzecz biorąc, do samodestrukcji. W pierwszym wypadku mówiący ma postawę aktywną – czuje się odpowiedzialny za swoją świadomość – w drugim rezygnuje z odpowiedzialności, przybierając postawę pasywną.

Natura podświadomości

Jeśli chcemy dobrze poznać siebie, musimy rozumieć zarówno swoje świadome, jak i podświadome zachowania, ale, co podkreślam, w zdrowy sposób.

Freud, zdeklarowany ateista, wytrwale głosił koncepcję odblokowania podświadomości w imię zdrowia psychicznego jednostki i dobrego przystosowania do życia. Tyle że dla Freuda „otwarcie" podświadomości było czymś takim, jak zdjęcie pokrywy z pojemnika z toksyczną zawartością. Wewnątrz rozpościerał się mroczny, cuchnący świat, zdominowany przez skłonności agresywne na spółkę z aberracjami seksualnymi.

Nieco większym optymistą okazał się Carl G. Jung, który uważał, że po odblokowaniu długo więzionej podświadomości można istotnie napotkać na powierzchni warstwę ciemnej substancji, ale był przekonany, że po jej odgarnięciu można ujrzeć świat piękna, źródło wszelkiej twórczości. Jung sam wierzył, że to głównie za pośrednictwem podświadomości ludzie kontaktują się z Bogiem.

Jak lepiej przyjrzeć się sobie

Pragnę zwrócić uwagę, że aby zrozumieć siebie, nie każdy potrzebuje zaraz pomocy psychoterapeuty. Ponadto nigdy nie wiadomo jakim wartościom będzie on hołdował. Dlatego chcę dać kilka prostych propozycji, jak dowiedzieć się czegoś więcej o sobie samym.

1. Prowadź dziennik. Elementem pomocnym przy próbach zdrowego zrozumienia siebie będzie dziennik o charakterze intymnym. Dr Gordon MacDonald, przewodniczący Międzyuniwersyteckiego Towarzystwa Chrześcijańskiego, który w prowadzeniu dziennika upatruje sposobu na utrzymanie dyscypliny duchowej, tak mówi o jego znaczeniu:

Od wielu lat prowadzę codzienne zapiski tego, co robię, powodów, dla których to robię, i rezultatów moich działań. Samo przelewanie tego na papier każe mi się zastanawiać nad dalszym postępowaniem.

Taki pamiętnik gwarantuje nam pewną dozę obiektywizmu: czytając opis własnych przeżyć i emocji, łatwiej dostrzec swoje błędy, a także odkryć, gdzie i w jaki sposób uprawiamy samooszustwo.

Radzę pamiętać, że techniki takie jak ta nie wszystkim będą pomocne, jeśli się więc okaże, iż prowadzenie dziennika nie poprawia naszej samowiedzy, należy po prostu zaniechać tego pomysłu.

2. Zarezerwuj sobie czas na samotność. Kanadyjski pianista Glenn Gould uważa, że:

...na każdą godzinę spędzoną w towarzystwie powinno człowiekowi przysługiwać x godzin samotności. Ile wynosi to x, dokładnie nie wiem. Może dwie i siedem ósmych godziny, a może siedem i dwie ósme, w każdym razie jest to proporcja wysoka.

Życiorysy wielkich postaci historycznych naznaczone są samotnością. Jezus na przykład, mimo swego wielkiego zainteresowania biednymi i potrzebującymi, regularnie chronił się w samotni, aby modlić się i na nowo napełniać energią. Lincoln, jak napisał o nim Carl Sandburg:

(...) w dzikiej głuszy obcował z drzewami, pogodą, kolejnymi porami roku, z tym czysto indywidualnym, pomyślanym tylko dla pojedynczego człowieka narzędziem pracy, jakim jest siekiera. W jego stawaniu się ogromną rolę odegrał element milczenia.

Jako rodzice, często wyświadczamy dzieciom niedźwiedzią przysługę, kiedy pod wpływem ich utyskiwań, że się nudzą, szybko wynajdujemy im ciekawy program telewizyjny albo rzucamy wszystko i zaczynamy je zabawiać. Ci z nas, którzy wychowali się na wsi przed wynalezieniem telewizji, mieli nie lada szczęście: nauczyli się przekraczać strefę nudy i wypływać na jej drugi brzeg. Pamiętam długie, upalne dni na traktorze, którego prowadzenie było tak okropnie monotonne, że nie poświęcało się temu ani jednej myśli. Jedynym wyjściem było nauczyć się śnić z otwartymi oczami. Tam, na tym traktorze, poznałem siłę wyobraźni: przed oczami przesuwał mi się cały korowód obrazów szczegółowo przedstawiających moją przyszłość. Wiedziałem, kim zostanę, co osiągnę i w jaki sposób.

3. Zwracaj uwagę na wyróżniające cię cechy. Zamiast tracić czas i energię na wymyślanie sposobów, jak by się tu bardziej upodobnić do otoczenia, lepiej poświęć ten czas na zastanowienie, czym się wyróżnić. Do dziennika możesz na przykład wprowadzić rubrykę „Czym się różnię od innych" i pod tym tytułem wypisać specyficzne zainteresowania i zamiłowania składające się na twoją wyjątkowość.

Inną metodą realizowania tej wskazówki może być spojrzenie wstecz. Spróbuj ustalić, w których momentach czułeś się najszczęśliwszy? Kiedy to wiodło ci się najlepiej? Richard Nelson w swojej książce zatytułowanej *Spadochron* (Fundacja Inicjatyw Społeczno-Ekonomicznych, Warszawa 1993) pisze, że ludzie decydujący się na zmianę zawodu nigdy jakoś nie sięgają do własnych doświadczeń, aby z nich czerpać pomysły. Nikomu też nie przyjdzie do głowy ułożyć sobie listę swych dawnych osiągnięć według zasady: to i to dało mi najwięcej satysfakcji i poczucia spełnienia. Jest to kolejny dowód na potwierdzenie tezy, jak zdecydowanie odcinamy się czasami na lata od zrozumienia swojej natury.

4. Regularnie dokonuj weryfikacji. Często powtarzam, że dobrze jest utrwalać na piśmie to, kim jesteśmy i do czego dążymy. Bądźmy jednak ostrożni z ostatecznymi definicjami. Niewiele przyjdzie nam z tego, że sporządzimy listę swoich cech charakterystycznych, a potem zamkniemy ją w szufladzie z przeświadczeniem, że zachowa ona aktualność aż po koniec naszych dni. Nie, bo póki żyjemy, znajdujemy się w stanie ustawicznych przemian. Tatarskie plemiona środkowej Azji miały nawet pewne związane z tym przekleństwo, które rzucało się na wroga: „Obyś zawsze tkwił w jednym miejscu!" I rzeczywiście – to prawdziwe nieszczęście stać w miejscu i dreptać w kółko. Życie na ziemi to nie tyle sprawa odnalezienia siebie, ile proces stawania się sobą według miary, którą Bóg dał każdemu.

Pewien 36-letni mężczyzna wyznał mi:

– Zawsze uważałem się za człowieka nieśmiałego, chyba dlatego, że moi rodzice tacy byli. Teraz zaczynam się zastanawiać, czy naprawdę jestem nieśmiały. Coraz bardziej udzielam się towarzysko i choć nie należę do tych, którzy idąc na przyjęcie, zakładają na głowę abażur, to jednak bardzo lubię rozmawiać z ludźmi i żartować.

Ogromnie spodobał mi się ten człowiek. Nie stał się wapniakiem, nie zastygł w formie, jaką narzucali mu swoim przykładem rodzice. Wykazał się giętkością, podatnością na zmiany, a także, w miarę posuwania się naprzód, umiejętnością zdefiniowania siebie od nowa.

5. Znajdź kogoś, komu mógłbyś zaufać. Jezus pośród wszystkich swych cudownych umiejętności miał i tę, że potrafił stworzyć ludziom wyjątkową atmosferę, w której skłonni byli się otworzyć, zawierzyć Mu swoje najgłębsze tajemnice. Jedną z zalet rozmowy tego typu jest to, że pomaga ona ustrzec się autoiluzji, a jest to rzecz ważna, bo my, ludzie, odznaczamy się nieograniczoną wprost zdolnością do samooszukiwania się. Jeśli więc mamy przynajmniej jednego przyjaciela, który wie o nas dosłownie wszystko, będzie nam to niezmiernie pomagało w realistycznym widzeniu siebie.

Zwierzając się komuś szczerze, możemy też dowiedzieć się o sobie bardzo wielu rzeczy. Sidney Jourard pod koniec życia posunął się aż tak daleko, że – jak mówił – poznawał siebie jedynie w procesie zwierzania się swemu rozmówcy.

Zaczynam podejrzewać, że nie mógłbym poznać nawet własnej duszy, gdybym jej przed kimś nie otworzył. Przypuszczam, że dopiero wtedy poznam siebie naprawdę, gdy uda mi się w końcu ujawnić drugiej osobie.

Jest to być może przykład postawy skrajnej, nie ulega jednak wątpliwości, że istotnie „uczymy się" siebie w czasie rozmowy. Bardzo lubię te chwile, gdy pod koniec godzinnego spotkania ktoś nagle mówi: „Kiedy tak słucham tego, co mówię, widzę, że..."

Rzetelna znajomość samego siebie to pierwszy krok w procesie zdrowego urealniania własnego wizerunku. Tylu rzeczy nauczyliśmy się wypierać, przedstawiać wszystko w możliwie najlepszym świetle, całkowicie ignorować ciemne strony naszej natury czy usilnie powstrzymywać się od negatywnych samoocen! A przecież spojrzenie prawdzie w oczy – szczególnie tej trudnej czasami do przyjęcia prawdzie o nas samych – może przynieść zarówno wyzwolenie, jak i wielką radość. Już nawet tylko postanowienie: dowiem się prawdy o sobie, jest aktem zdrowej pewności siebie.

Poznaj prawdę
o sobie samym _____

Patrz przez godzinę na człowieka oddającego się
zabawie, a poznasz go lepiej,
niż gdybyś rok z nim rozmawiał.

Platon

Nałóg pracy

Uczestniczyłem pewnego razu w bardzo nietypowym przyjęciu. Zaproszeni goście nie znali siebie nawzajem, a na dodatek pani domu postawiła warunek wstępny: zarówno przy prezentacji, jak i w trakcie całego wieczoru nie wolno nam ujawniać ani swojego zawodu, ani tego, czy mamy dzieci. Przekonaliśmy się wtedy, jak trudno jest nawiązać nową znajomość bez wzmianki o pracy i dzieciach. Cóż, nie ulega kwestii, że gdy przychodzi do samodefinicji, określamy się przede wszystkim poprzez to, co robimy; próbujemy oznaczyć naszą pozycję w odniesieniu do innych ludzi poprzez rodzaj wykonywanej pracy, osiągnięcia wychowawcze – mierzone sukcesami potomstwa – wreszcie poprzez nasz stan majątkowy. Inaczej mówiąc, o tym, kim jesteśmy, decydują „produkty" naszej działalności. Taka postawa to pułapka: grozi uzależnieniem od pracy i zachłannością. I tak dochodzimy do trzeciej podstawowej zasady budowania pewności siebie:

ZAUWAŻ RÓŻNICĘ MIĘDZY TYM, KIM JESTEŚ, A TYM, CO ROBISZ.

Jak to się dzieje, że już w bardzo wczesnej fazie rozwoju następuje pomieszanie dwóch pojęć: wartości osobistej człowieka i wartości jego osiągnięć wytwórczych? Oto już w dzieciństwie uczymy się na własnej skórze, że nie wystarczy po prostu kimś *być*, trzeba jeszcze bardzo dużo *zrobić*.

Jeden z moich pacjentów, który w działalności zawodowej odniósł oszałamiający sukces, poniósł w życiu osobistym wyraźną klęskę. Wspominając swoje dzieciństwo powiedział, że w jego domu rodzinnym początkiem i końcem wszystkiego zawsze była praca.

– Moi rodzice to kwintesencja purytańskiej etyki – mówił. – Nie zdarzało im się chodzić na przyjęcia czy do restauracji; mieli bardzo niewielu znajomych... Interesowała ich tylko praca: do niej przywiązywali niesłychaną wagę. Ani ja, ani moja siostra nie zaznaliśmy nadmiaru pieszczot, gdyż rodzice nie byli wylewni. Kochali nas, w to nie wątpię, ale obejmowali czy przytulali bardzo rzadko... Bali się chyba, że od tego przewróci nam się w głowach. Wysoko cenili sobie skromność i pokorę, więc i pochwał też nam skąpili... Wiedziałem jedno: jeśli w sobotę wyjątkowo starannie skoszę trawnik, tata albo mama odezwą się przy kolacji: „Tom dobrześ się dziś spisał z trawnikiem."

Dziecko dla pochwały zrobi wszystko, toteż nietrudno się domyślić, jak mały Tom pracował przy tym trawniku!

– Najpierw kosiłem go wzdłuż – opowiada – potem wszerz, wreszcie na ukos, czyli na dobrą sprawę jeszcze raz od początku. Ach, zrobiłbym wszystko, byle tylko zasłużyć na tę skąpą pochwałę przy stole!

Kiedy ukończyłem jedenaście lat – kontynuował – kuzyn przyjął mnie do pomocy w swoim warsztacie mechanicznym. W lecie pracowałem tam codziennie, zamiatając, biegając na posyłki, malując co było trzeba. Chłopak tak chętny do pracy jak ja był chyba ideałem robotnika, a przecież miałem dopiero jedenaście lat! Tata po rozmowie z kuzynem opowiadał mamie, jak ciężko haruję w warsztacie, a ja puchłem z dumy!

Tom już jako dziecko nabrał przekonania, że jego wartość wiąże się ściśle z wykonywanym zajęciem, nic więc dziwnego, że dorastając też pracował niesłychanie dużo i ciężko. Nie dość, że nigdy nie poprzestawał na jednym „etacie", to jeszcze permanentnie się uczył, zaliczając już jako człowiek dorosły kolejne fakultety i dyplomy. Aż w końcu wszystko to obróciło się przeciwko niemu! Po ślubie uznał za pewnik, iż małżonka będzie cenić go z tych samych powodów, które dawniej zjednywały mu przychylność matki, więc prowadził nadal tryb życia wiecznie zagonionego pracoholika. Dla Toma było sprawą oczywistą, iż żona potraktuje te jego wysiłki tak, jak on je rozumiał: jako chęć przypodobania się jej. I tu popełnił fatalny błąd, okazało się bowiem, że było dokładnie na odwrót. Żona chciała mieć męża w domu! Niechby sobie nawet tylko oglądał telewizję czy po prostu siedział na kanapie!

– Ona chciała, abym przy niej po prostu *był* – powiedział. – Kochała mnie takiego, jaki jestem, bez tych stopni naukowych, o które tak się szarpałem, bez tych rekordów pracowitości. Jaka szkoda, że nie rozumiałem tego wcześniej... Może nie doszłoby do rozwodu?

Pewność siebie a dochód netto

Drugim, podobnym kryterium samooceny jednostki, jest jej dochód netto. Suma konta bankowego, marka samochodu, nieruchomość w eleganckiej dzielnicy, wszystko to bywa nie tylko wykładnikiem sukcesu, ale wywiera przemożny wpływ na wskazania tego delikatnego barometru, który mierzy nasz szacunek dla samych siebie. Dlaczego samopoczucie wybitnie nam się poprawia, gdy siedzimy za kierownicą nowego samochodu albo oprowadzamy znajomych po świeżo zakupionym domku letniskowym? Dlaczego dla odmiany tak nie lubimy, aby widziano nas w odrapanym wozie? Otóż dlatego, że własną wartość upatrujemy w uporczywej pracy oraz gromadzeniu dóbr materialnych.

Superkobieta

Wiele współczesnych kobiet stawia przed sobą zadanie niewykonalne: jakimś cudem połączyć karierę zawodową z małżeństwem i dziećmi, przy czym wszystkie te funkcje spełniać z jednakowym wdziękiem i pewnością siebie. W praktyce można skutecznie ukrywać takie czy inne wypadki, cóż z tego, kiedy naprawdę zawsze ma się w jednej dziedzinie wyniki lepsze, w drugiej gorsze. Bystra, elokwentna osoba, zarabiająca notabene dużo pieniędzy, powiedziała mi niedawno tak:

– W pracy radzę sobie doskonale, wiem o tym, ale gdy tylko wyjdę z biura, moja pewność siebie gwałtownie spada. Nie gotuję zbyt dobrze, z dzieckiem postępuję jak wariatka, świetną panią domu też nie jestem. To cud, że mój małżonek jeszcze mnie nie porzucił!

Mąż tej pani szczęśliwym trafem bardzo ją kocha i nie ma zamiaru rzucać, a narzeka tylko z jednego powodu: żona w domu nie potrafi się odprężyć ani cieszyć wspólnie spędzanymi wieczorami.

Co się tyczy innych kobiet, które podobnie jak moja pacjentka szeroko rozwinęły skrzydła, spora ich liczba na szczęście redukuje z czasem te zbyt wygórowane ambicje. Są jednak takie, które konsekwentnie przedkładają karierę ponad dom i dzieci; te panie muszą uporać się jakoś z rozpowszechnionym stereotypem biologiczno-kulturowym, zgodnie z którym idealna kobieta powinna wywiązywać się ze wszystkich swoich ról jednakowo perfekcyjnie.

Kobiety, które stawiają na rodzinę, też miewają swoje kłopoty, zwłaszcza wtedy, gdy wiążą ściśle własne szczęście z sukcesami dzieci. Póki te sprawują się dobrze, matka jest usatysfakcjonowana, ale gdy syn czy córka kiepsko się uczy, bierze narkotyki albo się rozwodzi, sytuacja zmienia się diametralnie. „W którym momencie popełniłam błąd?" – zadręcza się matka. Nieraz kończy się to głęboką depresją. Jak to powiedziała któraś z moich pacjentek: „Nie potrafię być szczęśliwsza od swego najnieszczęśliwszego dziecka".

Tak całkowita identyfikacja poczucia własnej wartości z karierą bądź dziećmi jest rzeczą śliską jak skórka od banana. Kariera nie zawsze przecież zależy tylko od nas samych. Jak zachować pewność siebie, kiedy na przykład zatrudniająca nas firma zostaje sprzedana, a cały nasz dział rozwiązany? Co będzie, gdy któreś z dzieci wpadnie w alkoholizm, mimo że matka dała z siebie wszystko, aby je dobrze wychować? Pomińmy już zresztą tak jaskrawe przypadki. Wiadomo, że każdy prędzej czy później musi odejść na emeryturę, a dziecko też nieuchronnie wyfrunie z gniazda, więc jeśli kobieta nie zbudowała sobie innego fundamentu dla poczucia własnej wartości, zaczyna być z nią niedobrze.

Produktywność i duchowość

Podstawową nauką Pisma Świętego stanowiącą komentarz do omawianego zagadnienia jest Dobra Nowina o łasce Bożej. Oczywiście podstawowym jej znaczeniem jest odkupienie, ma ona jednak także i szersze implikacje. Biblia mówi wyraźnie, że miłość Boga do człowieka nie zależy od ludzkiej pracy i wysiłków. Oznacza to, że Bóg kocha nas nie dlatego, że gorliwie czytamy Pismo Święte, chodzimy na nabożeństwa, modlimy się czy unikamy wszelkich możliwych grzechów. O nie! Miłość Boga jest łaską, darem, pochodzi „(...) nie z uczynków, aby się nikt nie chlubił" (Ef 2,9). Innymi słowy, Bóg kocha ludzi, nie stawiając im żadnych warunków wstępnych; kocha nas. Po prostu. Trafnie podsumowuje to dr Lloyd John Ogilvie, mówiąc:

Nie ma nic takiego, co mógłbyś uczynić, aby Bóg pokochał cię bardziej, niż kocha.

Według świętego Augustyna istnienie Bożej łaski nie oznacza bynajmniej, że wolno nam być bezradnymi grzesznikami na zasadzie: skoro zbawienie jest nam dane i nie można na nie zapracować, po co wszelkie wysiłki? Wprost przeciwnie. Im głębiej pojmujemy znaczenie łaski Bożej, tym godniej staramy się żyć. Cała różnica tkwi w motywacji. Albo żyjemy godnie, bo pragniemy odwzajemnić miłość, którą Bóg nas darzy, albo po to, by tę miłość zdobyć. Podobnie jest z poczuciem wartości. Człowiek, który się ceni i czuje kochany nie przez to, co robi, lecz dzięki temu, kim jest, na pewno nie spędzi życia na plaży w Honolulu, bo wiara we własną wartość nie tylko skłoni go do działania, ale wręcz powiększy jego osiągnięcia.

Syndrom pracoholika

Wiele osób wiecznie bez efektów ścigających się z czasem, ludzi nałogowo oddanych pracy to „papierowi tytani", którym nawet nie przychodzi na myśl, że Bóg ich kocha. Dwaj kardiolodzy, Meyer Friedman i Ray H. Rosenman, napisali kilka lat temu fascynującą książkę zatytułowaną *Type A Behavior and Your Heart* (Osobnik typu A i jego serce). Wyniki badań tej pary autorów nad związkiem zachodzącym między typem osobowości a chorobą wieńcową nie oparły się próbie czasu, natomiast pełną aktualność zachowała świetna analiza psychologiczna jednostek obsesyjnie aktywnych. A oto oznaki, które według Friedmana i Rosenmana świadczą o tym, że dany człowiek jest pracoholikiem, czyli należy do typu A:

● Gdy już po kilkudniowym czy nawet tylko kilkugodzinnym odpoczynku od pracy pojawia się niejasne poczucie winy.

● Gdy trudno wyjechać na urlop.

● Gdy znajdujemy się w nieustannym pośpiechu, błyskawicznie połykamy jedzenie, biegamy zamiast chodzić, mówimy też bardzo szybko, gdy co chwila zerkamy na zegarek, nękani obawą, że się gdzieś spóźnimy.

● Gdy nagle łapiemy się na tym, że wpadamy komuś w słowo i zaczynamy opowiadać, jak długo siedzieliśmy wczoraj w pracy, jak wcześnie zjawiliśmy się dziś w biurze, jak olbrzymie pranie zrobiliśmy w zeszłym tygodniu.

● Gdy stykając się z osobą równie nadaktywną, ulegamy nieodpartej chęci współzawodnictwa. Jest to sygnał wyjątkowo wymowny. W osobniku typu A nikt szybciej nie wyzwala tylu agresywnych i/lub złośliwych uczuć niż drugi osobnik tego samego pokroju.

● Gdy wytężona, wielogodzinna praca przynosi objawy stresu oraz dolegliwości fizyczne, takie jak bóle głowy, wrzody przewodu pokarmowego, nadciśnienie, chorobliwe zmęczenie.

● Gdy każdą rzecz rozważamy w kategoriach ilościowych, nie wyłączając własnej i cudzej działalności – ile godzin coś nam zajęło, o ile udało się skrócić czas danej czynności, ile zarobiliśmy pieniędzy.

● Gdy usiłujemy zmieścić coraz więcej zajęć w coraz krótszym czasie i nie potrafimy przy tym odmówić innym swoich usług. Chroniczny pośpiech wraz z towarzyszącym mu poczuciem, że jest się człowiekiem niezastąpionym, to jeden z podstawowych elementów psychiki pracoholika.

● Gdy przestajemy dostrzegać piękne i interesujące przedmioty, gdy odcinamy się od zjawisk duchowych i estetycznych, które dawniej sprawiały nam przyjemność.

● Gdy wskutek pośpiechu, nawału zajęć, koncentrowania się na sprawach zawodowych szwankują nasze związki uczuciowo-rodzinne (wśród osób odpowiadających typowi pracoholika procent rozwodów jest wyraźnie wyższy od średniej statystycznej. Klasyczny pracoholik to często człowiek, o którym żona – jeśli jeszcze od niego nie odeszła – mawia: „Poza mną John nie ma prawdziwych przyjaciół").

Więcej pracy, mniej osiągnięć

Zdarza się, że nałogowy „pracuś" nie jest nawet w przybliżeniu tak efektywny, jak sam by sobie tego życzył, nie mówiąc już o ocenach obiektywnych. Badania dowodzą, że osoby tego rodzaju pracują więcej, natomiast osiągają mniej. Choć sprawiają wrażenie, że robota pali im się w rękach, przeważnie nie dorównują wynikami swym nie tak obsesyjnie pracowitym kolegom.

Ludzie, dla których praca staje się nałogiem, spłaszczają jakby w pewnym momencie krzywą rozwoju swojej kariery. Zdaniem dr. Charlesa Garfielda można niemal dokładnie przewidzieć przebieg zawodowej kariery pracoholika. Po początkowym skoku w górę (jest on wynikiem wniesionego na wstępie dużego wkładu pracy) linia ta przez pewien czas utrzymuje się na jednakowym poziomie, po czym zaczyna opadać. Pracoholika zasypuje lawina szczegółów, z którymi sam pragnie się uporać, zamiast zlecić je zaufanym współpracownikom.

Rzeczą bardzo smutną jest i to, że we własnym odczuciu pracoholik nigdy nie spełnia stawianych sobie wymagań. Ile by nie zrobił, wszystko wydaje mu się niewystarczające. Tragedia polega na tym, że tkwi on w psychicznym błędnym kole: nie pracując czuje się małowartościowy, pracując nigdy nie osiąga takich wyników, które dawałyby mu pewność siebie. Czy naprawdę mamy uznać, że odpoczywając, grając w piłkę, oglądając telewizję, kochając się, czy też po prostu bawiąc, postępujemy źle, ponieważ nic nie wytwarzamy w takich chwilach? Oczywiście, że nie. Jest to, krótko mówiąc, postawa nie do przyjęcia.

Jak wyleczyć się z nałogu pracy

Oto wskazówki (zaczerpnięte między innymi z książki Friedmana i Rosenmana), jak zmienić podstawy tożsamości, czyli co zrobić, aby szacunku do samego siebie nie opierać na wynikach działalności produktywnej.

1. Uczciwie oceń swój tryb pracy. Według cytowanej pary autorów czterech spośród pięciu przedstawicieli typu A zaprotestuje przeciwko włączaniu ich do tej kategorii lub przynajmniej postara się obniżyć liczbę świadczących o tym objawów. Warto więc poprosić członków rodziny i zaufanych przyjaciół, aby to oni sklasyfikowali nasze zachowania, biorąc za podstawę niektóre z wyżej podanych kryteriów. Korzyść z tego będzie dwojaka: zyskamy bardziej obiektywny pogląd na stan naszej psychiki, a poza tym będziemy mogli wyczuć, czy nasze obsesyjne zachowania nie podkopały już dotychczasowych przyjaźni.

2. Przeanalizuj swoje priorytety – etyczne i duchowe. A może warto, abyś zadał sobie pytanie: dlaczego właściwie pracuję tak szaleńczo? Czy dlatego, że sama praca jest dla mnie tak niezwykle ważna? A może po prostu stała się ona moim sposobem życia, przymusem nawykowym, wynikłym z przyczyn, które dziś już przestały być aktualne? W tym momencie uda nam się może odkryć inne formy aktywności – uważane powszechnie za głęboko humanistyczne i budujące moralnie – takie jak malarstwo i muzyka, sprawy duchowe, filozofia, historia, nauka, które to pomogą nam odnaleźć naszą duchową tożsamość.

3. Spędzaj więcej czasu na powietrzu. Przyroda wywiera ważny, ogromnie kojący wpływ na ludzką psychikę, niestety, większość mieszkańców wielkich miast tygodniami nie dostrzega ani pogody, ani koloru liści, ani pozycji gwiazd na niebie. Ja uważam, że to sama struktura psychofizyczna nakazuje człowiekowi spędzać codziennie pewien czas na powietrzu. Sam co parę godzin robię sobie przerwę w zajęciach specjalnie po to, żeby spojrzeć w niebo, a podczas wieczornych spacerów z uwagą obserwuję położenie znanych mi gwiazd. Nie trzeba wcale mieszkać na wsi, żeby podziwiać przyrodę. Amerykański filozof i pisarz, a także obserwator i miłośnik przyrody, Henry Dawid Thoreau, zapytany kiedyś, dlaczego nie odbywa dalekich podróży, skoro jest tak wielkim miłośnikiem natury, odpowiedział:

Między drzwiami mojego domu a bramą widzę więcej natury, niż zdołam jej zbadać do końca życia.

Wielki filozof duński, Søren Kierkegaard, tak napisał do siostrzenicy, która popadła w hipochondrię:

Nade wszystko nie trać ochoty do spacerów. Ja codziennie zapuszczam się na przechadzkę między swoje najlepsze myśli i wiem, że nie istnieje myśl tak natrętna, od której nie uwolniłby człowieka spacer.

4. Rozsądnie planuj swój porządek dzienny. Chodzi o to, żeby podjąć decyzję: o tej to godzinie definitywnie kończę pracę i oddaję się przyjemnościom. Ci, którzy od dłuższego czasu regularnie pracują do 19.00, mogli już w ogóle zapomnieć, dlaczego i po co to robią. Skoro więc w grę nie wchodzi wyraźna potrzeba przesiadywania w pracy do późna, trzeba odpowiednio zmienić rozkład zajęć. Przynajmniej trzy razy w tygodniu wracaj do domu o 17.30. Wygospodarowany czas przeznacz na pójście do filharmonii czy do muzeum; eskapady takie wzbogacą cię duchowo, a co nie mniej ważne, pomogą przełamać zniewalający schemat pracy „na okrągło".

5. Przyswajaj sobie nowe zwyczaje. Autorzy *Osobnika typu A* radzą mu przyswoić sobie całkiem nowe zwyczaje. Jeśli więc na przykład ktoś nacisnął pedał gazu do oporu, aby przejechać skrzyżowanie przed zmianą świateł, powinien wymierzyć sobie karę: korzystając z najbliższej przecznicy, zawrócić do tego tak po piracku potraktowanego skrzyżowania i tym razem przejechać przez nie z bardziej umiarkowaną szybkością. Tego rodzaju sztuczki już niebawem wpłyną na tempo innych naszych działań.

6. Znajdź czas dla ludzi, którzy odgrywają w twoim życiu ważną rolę. Mnie, któremu zawsze się spieszy, z wrażenia zaparło dech w piersiach, kiedy przeczytałem te oto słowa Paula Tourniera:

> *Otwierając Ewangelię widzimy, że Jezus Chrystus, którego obowiązki były o ileż większe od naszych, aż tak się bardzo nie spieszył.*

To prawda. Dużo czasu spędził przecież na rozmowie z Samarytanką spotkaną przy studni, często świętował ze swoimi uczniami, podziwiał lilie polne i zachód słońca, miał czas na obmywanie nóg swoim uczniom i na to, by cierpliwie odpowiadać na ich pytania.

7. Przystosowuj się do sytuacji. Utknąwszy wieczorem w korku, nie warto wybuchać gniewem z powodu przymusowej zwłoki; wystarczy unaocznić sobie kilka oczywistych faktów. Nie ulega wątpliwości, że konstruktor samochodu wyposażył ów pojazd w fotel bez porównania bardziej miękki i wygodny niż ten, który czeka na nas w domu. Być może twój samochód ma ponadto klimatyzację i odbiornik stereofoniczny, czym się tu więc denerwować? Nie lepiej wykorzystać tę chwilę na odprężenie, modlitwę, naładowanie wewnętrznych akumulatorów?

8. Przeznacz trochę czasu na zabawę. Przez „zabawę" rozumiem zupełnie coś innego niż ci faceci, którzy powiadają: „Ponieważ ciężko pracuję, to i bawię się do upadłego". Jest to, nawiasem mówiąc, typowe zdanie dla pracoholików, skłonnych podejmować współzawodnictwo w każdej dosłownie dziedzinie. Ja myślę tu o pluskaniu się w morzu z pięcioletnim szkrabem czy choćby o rzucaniu patyków ulubionemu psu. Ten czas ma sprawić, byśmy stali się jak małe dzieci – zgodnie z tym, czego naucza nas Chrystus.

9. Poddaj się duchowej dyscyplinie. Ile razy kogoś podziwiam, tyle razy się okazuje, że osoba ta rygorystycznie przestrzega zwyczaju codziennego spotykania się z Bogiem. Spytałem kiedyś dr. Louisa Evansa, podówczas pastora największej na świecie wspólnoty Kościoła prezbiteriańskiego:
– Na czym polega twój sekret?
Odpowiedział bez chwili wahania:
– To proste. Żeby dawać coś z siebie, trzeba skądś czerpać.

Wyjaśnił mi następnie, że wchodzi do gabinetu o siódmej rano i aż do jedenastej nie przyjmuje żadnych wizyt ani telefonów. Godziny te poświęca modlitwie i studiowaniu Pisma. Ludzie, którzy „czerpią do głębi jestestwa" – by posłużyć się wzniosłą frazą filozofa Ralpha Walda Emersona – potrzebują czasu na modlitwę, słuchanie Słowa, jego rozważanie, rozkoszowanie się choć przez chwilę świadomością, że osłania ich płaszcz miłości Bożej.

A czego potrzebuje zagoniony pracoholik? Zmiany podstawowego kryterium własnej wartości. Przesunięcia akcentu z „robić" i „mieć" w stronę „być". Jesteśmy wartością nie z powodu naszych osiągnięć, lecz dlatego, że jesteśmy stworzeni przez Boga. Ten jeden powód wystarczy, by człowiek czuł pewność siebie. Gdy na tym fundamencie oprzemy swoją wartość, stwierdzimy nagle ze zdziwieniem, że powstała harmonia między pracą, zabawą i miłością. Anonimowy mnich z pewnego klasztoru w Nebrasce napisał pod koniec życia:

Gdybym miał przed sobą drugie życie,
Mniej bym popełnił błędów.
O ileż byłbym łagodniejszy, bardziej giętki
I głupszy, niż bywałem w tej oto podróży.
Więcej bym świata zjeździł, ach, jak szalony
Wdrapywałbym się na szczyty, pływał w tysiącu rzek,
Oglądał co wieczór tysięczne zachody słońca!
Chodziłbym na spacery, chodził i patrzył...
Zamiast fasoli jadałbym góry słodkich lodów.
Gdybym miał przeżyć życie po raz drugi,
Lżej bym je potraktował.
O, gdybym miał się jeszcze raz tu urodzić, wyruszyłbym
w drogę boso o wiośnie
I tak bym wędrował do późnej jesieni.
Częściej bym jeździł na karuzelach
I więcej zbierał stokrotek.

Zauważ różnicę między tym, kim jesteś, a tym, co robisz _____

Nie można odnaleźć samego siebie przez ciągłą gonitwę
za własnym „ja", wprost przeciwnie:
przez dążenie do innych celów,
jak również systematyczne uczenie się (...)
dzięki któremu człowiek dowiaduje się, kim jest:
poznaje swoje pragnienia na przyszłość.

May Sarton*

Dążenie
do doskonałości

W poprzednim rozdziale wyraziłem pogląd, że nie jest dobrze, kiedy tożsamość jednostki wiąże się zbyt ściśle ze sferą jej produktywności. Spójrzmy teraz na to od drugiej strony, bo jest przecież faktem, że osiągnięcia osobiste odgrywają niezmiernie ważną rolę w budowaniu poczucia własnej wartości. Dyskutowałem o tym kiedyś ze znajomym pisarzem, Arthurem Gordonem, kładąc szczególny nacisk na znaczenie dobrego mniemania o sobie. Sprawdzałem niejako na swoim rozmówcy wyłożoną w poprzednim rozdziale tezę, iż stanowimy wartość nie tyle z racji naszej działalności, ile tego, kim jesteśmy naprawdę. Uśmiechnął się na to i powiedział:

---

* May Sarton (ur. 1912) – amerykański pisarz i poeta.

– Nie zostaliśmy stworzeni po to tylko, aby „być", ale „być kimś", coś zdziałać. Nie uważam, że każdy musi od razu zostać światowej sławy pianistą, nie! Wystarczy, że będzie dobrym, wielkodusznym człowiekiem. A jednak ludzie jakoś nie chcą przechodzić przez życie bez dokonań. Nikt nie czuje się wartościowy bez świadomości, że tak czy inaczej zrealizował pewne cele życiowe.

Mój gość miał oczywiście rację. Tylko wtedy zyskujemy wysokie mniemanie o sobie, kiedy odkrywamy swoje zdolności, a potem wytrwale robimy z nich użytek. Takie twierdzenie może wydać się sprzeczne z tym, co zostało powiedziane o ludziach, którzy właśnie przez pracę, i to katorżniczą, próbują się dowartościować. Zwróćmy jednak uwagę, że istnieje tu zasadnicza różnica: wartość osobista jednostki nie bierze się z jej dokonań, ale dokonania są rezultatem tkwiącej w każdym z nas wartości. Dzieje się to tak: jeśli mamy choć trochę wiary we własną wartość – wiary opartej na przekonaniu, że stworzył nas kochający Ojciec na Swoje Boskie podobieństwo – z pewnością pojawi się w nas dążenie do wykorzystania danych nam talentów. Zapragniemy dokonać czegoś, co nas przetrwa.

Dokonując rzeczy wartościowej, zyskujemy dodatkową „premię" w postaci rosnącego szacunku dla samego siebie. Jesteśmy więksi i ważniejsi od tego, co robimy, ale rezultat naszego działania będzie stanowił istotną część składową tego, kim jesteśmy. Bez świadomości celu życiowego nikt nie potrafi się zdobyć na zdrowe poszanowanie dla własnej osoby. Karl Menninger – podobnie zresztą jak wielu innych autorów – utrzymuje, że w życiu dobrze przystosowanej jednostki musi istnieć właściwa proporcja między zabawą, miłością i pracą.

A oto czwarta fundamentalna zasada budowania pewności siebie:

ZNAJDŹ SOBIE ZAJĘCIE, KTÓRE BĘDZIE SPRA-WIAŁO CI PRZYJEMNOŚĆ I KTÓRE BĘDZIESZ DOB-RZE WYKONYWAĆ; ĆWICZ TĘ UMIEJĘTNOŚĆ PRZEZ POWTARZANIE.

W pracy zatytułowanej *Getting Rich Your Own Way* (Osiąganie bogactwa na swój własny sposób) dr Srully Blotnick omawia wyniki dwudziestoletnich badań nad grupą 1500 mężczyzn i kobiet w przedziale wieku od lat dwudziestu do czterdziestu kilku. Osiemdziesięciu trzech przedstawicieli tej grupy dorobiło się w omawianym okresie milionowych majątków. Charakterystyczne, że wszyscy ci ludzie mają trzy lub cztery cechy wspólne. Pierwszą jest to, że wcale nie planowali zdobycia bogactwa. Większość pozostałych członków badanej grupy – przeciwnie, próbowała momentami dorobić się dużych pieniędzy, stosując w tym celu wszelkie znane metody przynoszące rzekomo szybkie zyski. Niestety, ani inwestycje, ani żadne inne plany zbudowania piramidy sukcesu nie przyniosły im powodzenia.

Każdy spośród osiemdziesięciu trzech milionerów bardzo wcześnie zdecydował się na specjalizację w wybranej, całkowicie absorbującej go dziedzinie, idąc za głosem swoich najgłębszych zamiłowań. Ta wczesna specjalizacja oraz wieloletnia praktyka sprawiły, że osoby te stały się znakomitościami w swoich dziedzinach, a co za tym idzie – pobierali bardzo wysokie pensje. (Kolejna ich cecha wspólna: nie szastali pieniędzmi jak reszta badanych osób. Rozsądnie je inwestowali). No i proszę pomyśleć! Po piętnastu, dwudziestu latach rzetelnej pracy okazało się nagle, że każdy ma na swoim koncie ponad milion dolarów! Zaskoczenie było tym większe, że pochłonięci ulubioną pracą, doskonaleniem swoich umiejętności, prawie nie zauważyli, jak i kiedy stali się bogaci. Siedemdziesiąt kilka procent tych, którym się tak powiodło, pracowało w cudzym przedsiębiorstwie – na miesięcznej pensji. Nie byli ani właścicielami firm, ani geniuszami technicznymi – świadczyli po prostu usługi tym organizacjom i firmom, które mogły odpowiednio ich wynagradzać za wykonywanie jednego wysoko wyspecjalizowanego zajęcia, ale wykonywanie go w sposób zdecydowanie ponadprzeciętny.

Ktoś, kto chce posłużyć się tą metodą w praktyce, musi koniecznie zacząć od dwóch podstawowych kroków:

1. Rzetelnie oszacuj swoje zdolności w celu ustalenia, które z nich można by najskuteczniej wykorzystać.
2. Narzuć sobie rygor praktycznego stosowania i ustawicznego doskonalenia wybranej umiejętności – by stać się ekspertem w tej jednej konkretnej dziedzinie.

Oszacuj swoje zdolności

Jako psychoterapeuta stykający się na co dzień z ludźmi mającymi problemy lub cierpiącymi na zaburzenia osobowości, zdecydowanie twierdzę, że każdy człowiek – bez względu na to, czy jest, czy nie jest upośledzony – posiada jakąś sobie tylko właściwą zdolność.

Horace Bushnell, wielki kaznodzieja z Nowej Anglii, mawiał:

W jakimś miejscu tego świata leży zadanie, które Bóg przeznaczył tylko dla ciebie; nikt inny nie zdoła wykonać tej pracy.

Niektórzy z nas zmuszeni są szukać swojego miejsca metodą licznych prób i błędów, zapędzając się po drodze w kolejne ślepe uliczki, co przecież wcale nie znaczy, że nie mają zdolności. Jakiś talent z pewnością w nich drzemie, aczkolwiek dobrze ukryty. Każdy człowiek jest wszak istotną częścią Boskiego planu.

Od dawna podziwiam pewną parafię w Waszyngtonie m. in. za to, że jej członkowie kładą tak wielki nacisk na wydobywanie z ukrycia ludzkich talentów. Każdy nowy wierny jest prawie od pierwszej chwili sondowany: „Jakie masz zdolności?" Dla członków zgromadzenia jest to równoznaczne z pytaniem: „W jakim kierunku czujesz powołanie?"

Wydaje mi się, że w poszukiwaniu powołania popełniamy najczęściej dwa błędy. Po pierwsze, czekamy na jakieś bardzo spektakularne objawienie woli Bożej co do naszej drogi życiowej, gdy tymczasem powinniśmy rozumieć, że ten Boski zamysł na ogół jest już zapisany w naturze danej jednostki i że objawia się przez jej zdolności. Po drugie, łatwo się zniechęcamy, bo wydaje nam się, że nasze zdolności są dość ograniczone w porównaniu z talentami bliźnich. W rzeczywistości jednak nie chodzi tu zazwyczaj o prawdziwy talent, ale o energię zapewniającą tym innym sukces.

Ludzie nawet bardzo pewni siebie miewają nieraz tyle samo lub jeszcze więcej słabości niż ci pozbawieni wiary we własne siły, lecz na korzyść tych pierwszych działa istotna różnica postaw: zamiast roztrząsać swoje braki, starają się je kompensować, wykorzystując swoje silne strony.

Victor i Mildred Goertzelowie, autorzy świetnego studium *Cradles of Eminence* (Kolebka sławy) zbadali środowisko rodzinne trzystu wybitnych osobistości z całego świata. Są to mężczyźni i kobiety powszechnie uznawani za luminarzy w swoich dziedzinach, tacy m. in., jak: Franklin D. Roosevelt, Helen Keller, Winston Chruchill, Albert Schweitzer, Clara Barton, Mahatma Gandhi, Albert Einstein i Zygmunt Freud. Dokładne badania ich sytuacji w domu rodzinnym przyniosły dość zaskakujące odkrycia.

Trzy czwarte badanych osób cierpiało w dzieciństwie z powodu ubóstwa, rozbicia rodziny bądź doznawało krzywd ze strony obojętnych, nadmiernie zaborczych lub dominujących rodziców.

Siedemdziesięciu czterech powieściopisarzy i dramaturgów (spośród zbadanych osiemdziesięciu pięciu) oraz szesnastu poetów (spośród dwudziestu badanych) pochodziło z domów, w których przed ich oczami rozgrywały się burzliwe sceny małżeńskie ich rodziców.

Ponad jedna czwarta badanej grupy dotknięta była upośledzeniami fizycznymi, takimi jak brak wzroku, słuchu, uszkodzenie lub niedowład kończyn.

Jak więc ci ludzie doszli do tak niebywałych sukcesów? Najprawdopodobniej metodą kompensacji, to znaczy w ten sposób, że słabość w jednej dziedzinie równoważyli doskonaleniem się na innym polu. Jedna z tych osób tak opisuje siłę sprawczą swoich późniejszych sukcesów:

> *Najdonioślejszy wpływ na całe moje życie wywarło to, że się jąkałem. Gdyby nie jąkanie, pewnie tak jak moi bracia studiowałbym w Cambridge, gdzie zostałbym następnie wykładowcą publikującym od czasu do czasu jakąś smętną dysertację o literaturze francuskiej.*

Osobą, która w wieku lat osiemdziesięciu sześciu wypowiedziała te słowa, był W. Somerset Maugham (nawiasem mówiąc, jąkał się do końca życia), pisarz o światowej sławie, autor ponad dwudziestu powieści, trzydziestu utworów scenicznych, dziesiątków opowiadań oraz esejów literackich.

Pomoc rodziców w doskonaleniu umiejętności

Metodę kompensacyjną mogą też stosować rodzice. Wypowiadający się na ten temat znany autor, dr James Dobson, sięga po własny przykład z czasów, kiedy był chudym, nieśmiałym chłopcem – i niezbyt lubianym przez kolegów uczniem młodszej klasy szkoły średniej. Co w tych warunkach stanowiło jego jedyną broń? Oto, gdy miał lat niespełna osiem, ojciec w każdą sobotę wręczał mu wiaderko piłek, po czym obaj maszerowali na kort, gdzie zaczynała się lekcja tenisa. Trening ten stał się rychło uświęconym sobotnim rytuałem.

Czasami – wspomina Dobson – nudziło mnie to tak, że postanawiałem już dalej nie ćwiczyć, ale gdy przychodziła sobota, tata stukał mnie palcem w plecy i zmuszał do wyjścia z domu. Cóż, jestem mu dzisiaj za to wdzięczny. Przydało się to zwłaszcza w szkole średniej. Prześladowała mnie tam chorobliwa nieśmiałość i kompleks niższości, ale gdy trzeba było napisać wypracowanie na temat „Kim jestem?" mogłem przynajmniej powiedzieć jedno: „Jestem najlepszym tenisistą w całej szkole".

Ci, którzy rozkwitają jesienią

Niektórym ludziom trzeba dużo czasu na rozeznanie się w swoich zdolnościach i pełne ich rozwinięcie, więc jeśli ktoś w wieku średnim albo nawet później nie zapisał jeszcze na swoim koncie żadnych konkretnych osiągnięć, nie oznacza to wcale, że brak mu zdolności. Taka na przykład Helen Yglesias dopiero w 54. roku życia ukończyła pisanie swojej pierwszej książki.

Jako nastolatka – a było to na początku wielkiego kryzysu – marzyła, że zostanie sławną pisarką; rozpoczęła nawet książkę opartą na swych młodzieńczych przeżyciach. Reakcja starszego brata, który przeczytał rękopis, podziałała na nią niestety jak cios obuchem w głowę.

Niewiele przypominam sobie z tego, co mi powiedział, i czy w ogóle próbowałam się bronić; utkwiło mi przede wszystkim w pamięci oskarżenie o „perwersję".

„Nikogo nie zainteresują te perwersyjne głupoty, co je tu wypisujesz... Musiałabyś być geniuszem, żeby zrobić coś z tego zakalca, a ty geniuszem nie jesteś".

Zalana łzami dziewczyna podarła rękopis na drobne kawałki.

Słowa starszego brata zabrzmiały w uszach Helen jak podzwonne dla jej ambicji literackich, choć – jak sama przyznaje – na prawie czterdziestoletnią bezczynność pisarską złożyły się też inne przyczyny. Pewnego dnia dyskutowała o tym z pisarką Christiną Stead, która odniosła się do sprawy krótko, acz zdecydowanie:

– Przestań o tym mówić, a zacznij pisać. Po prostu usiądź i napisz tę książkę. Jak to zrobić? Albo uda ci się opanować materiał za pierwszym podejściem, albo nie. Jeśli nie, zacznij od początku i próbuj dopóty, dopóki nie uznasz, że jest dobrze. Naturalnie trzeba do tego jeszcze czegoś więcej (...) ale co tu mówić o detalach, póki nie siądziesz za biurkiem!

Helen Yglesias powiada, że kiedy zaczęła pracować nad książką, doznała uczucia, iż „nareszcie znalazła się w swoim żywiole", a gdy rzecz okazała się sukcesem, zaczęła wydawać następne. Były to dwie powieści: *Family Feeling* (Uczucia rodzinne) i *Sweetstir* (Słodki zamęt) oraz kolejne tomy wspomnień: *Starting Early* (Wczesny start); *Anew* (Od nowa), *Over and Late* (Przełaj i końcówka). Przyniosły jej one wysokie uznanie – stała się cenioną pisarką.

Margaret Thatcher w wieku 53. lat, jako pierwsza kobieta w dziejach Wielkiej Brytanii, została premierem. Francis Chichester, mając już 64 lata, odbył samotny rejs dookoła świata szesnastometrowym jachtem. 65-letni Winston Churchill po raz pierwszy został premierem i rozpoczął heroiczną walkę z III Rzeszą. Golda Meir, obejmując urząd premiera, była już po siedemdziesiątce. 75-letni Ed Delano z Kalifornii przejechał na rowerze 5 000 kilometrów w 33 dni, aby wziąć udział w spotkaniu koleżeńskim swego college'u w miejscowości Worcester w stanie Massachusetts. Kardynał Angelo Roncalli w 76. roku życia został papieżem i jako Jan XXIII zapoczątkował proces ważnych przemian w Kościele katolickim. Babcia Moses zajęła się malarstwem grubo po przekroczeniu siedemdziesiątki, a pierwszą indywidualną wystawę miała jako osoba osiemdziesięcioletnia. Gdy w czasie Konwencji Konstytucyjnej Stanów Zjednoczonych rozgorzały spory frakcyjne, któż wystąpił w roli zręcznego mediatora? 81-letni Benjamin Franklin. Winston Churchill już jako osiemdziesięciolatek został ponownie członkiem Izby Gmin; w tym samym czasie odbyła się wystawa 62 jego obrazów. 96-letni George C. Selback z odległości 100 metrów wprowadził kulę do dołka podczas zawodów golfowych w Indian River w stanie Michigan, a pianista Eubie Blake wykrzyknął w dniu swoich setnych urodzin: „Gdybym wiedział, że tak długo pożyję, bardziej bym o siebie dbał!"

Zaciskaj zęby i rozwijaj swoje zdolności

Utalentowane jednostki, którym nie wiedzie się w życiu, to zjawisko nader pospolite. Wiele takich osób ma trudności nie tyle z rozpoznaniem swych wrodzonych uzdolnień, ile z ich rozwinięciem. Bo tylko intensywny trening, systematyczne aż do znudzenia szlifowanie danej umiejętności wynosi człowieka ponad przeciętność.

Najczęściej bywa tak, że po krótkim okresie zainteresowania taką czy inną dziedziną zaczynają się problemy: nie bardzo widać postępy, inni wydają się lepsi, przychodzi zniechęcenie, no i rzucamy sprawę. Miałem kiedyś pacjentkę, która przez większość życia przy niczym nie potrafiła wytrwać. Poprosiłem, aby opisała mi to swoje życie. „Żałuję, że było takie" – powiedziała po prostu. Przez wiele lat wciąż zaczynała coś robić, nie kończyła i zabierała się do czegoś innego. Nigdy nie zadała sobie trudu przeprowadzenia analizy swoich umiejętności, mowy więc być nie mogło o jakiejkolwiek specjalizacji.

– Męża nie obchodziło to, czy pracuję, czy nie, więc nie pracowałam, i to był chyba mój największy błąd. Od kiedy dzieci podrosły, wciąż próbowałam coś sobie znaleźć. Zaczęłam pobierać lekcje gry na fortepianie, ale mnie to znudziło, więc dałam spokój. Myślałam, żeby zostać nauczycielką: poszłam na kurs pedagogiczny i... nie dotrwałam do rozdania świadectw. Nie potrafię wprost opisać, jakie to okropne mieć za sobą dwie trzecie życia i nie umieć dosłownie nic poza pieczeniem szarlotki!

Każdy z nas może wymienić podobne przykłady w gronie bliższych i dalszych znajomych. Są to wszystko osoby zdolne, które wciąż przerzucają się od pomysłu do pomysłu, zawsze znudzone bądź rozczarowane; ludzie ci do niczego nie potrafią tak się przyłożyć, żeby opanować to do perfekcji.

Zastanówmy się, na czym polega praca chirurga. Jeśliby ją rozłożyć na czynniki pierwsze, otrzymalibyśmy szereg pojedynczych ruchów. Początkujących chirurgów miesiącami wprawia się na przykład w wiązaniu dwóch luźnych końców w bardzo ograniczonej przestrzeni, chwytaniu instrumentów chirurgicznych, w ich jak najszybszej zamianie, w sprawnym wykonywaniu szwów. Potrzebny jest nieustanny wysiłek, aby usprawnić sekwencję poszczególnych ruchów – ten przyspieszyć o ułamek sekundy, tamten sobie ułatwić, kolejny wyeliminować. Doskonalenie tych drobnych podstawowych czynności jest główną metodą usprawnienia całego zabiegu chirurgicznego. Na tym polega postępowanie naukowe, które służyć tu może za przykład wręcz modelowy: tak właśnie należałoby kształcić i nasze umiejętności.

Parę lat temu poznałem mistrza stolarskiego, który zasłynął dzięki bardzo rzadkiej specjalności – wyrobie luksusowych mebli. W młodości Sam Maloof przygotowywał się do zawodu projektanta, ale po drodze doszedł do wniosku, że tym, co lubi najbardziej, jest ręczna obróbka drewna. Urządził w garażu warsztat i zaczął wyrabiać meble.

Doświadczalnie sprawdzając wytrzymałość zastosowanych elementów łączących – które później miały mu przynieść sławę – Maloof wykonał prototypowe krzesło, zataszczył je na dach garażu i zrzucił na asfaltowy podjazd: rozleci się, czy nie rozleci? Wytrzymało. Tą metodą dowiódł sam sobie, że jego złącza są takie, jak trzeba. Pierwszym zrealizowanym przez Sama zamówieniem był komplet jadalny; wskutek nieporozumień z dekoratorem wnętrza zapłata za tę pracę z trudem pokryła koszt materiałów. Powoli, metodą prób i błędów, Maloof nauczył się wyceniać swoją pracę tak, żeby zarobić na życie.

Uznanie dla jego mistrzostwa zataczało coraz szersze kręgi – zaczął otrzymywać więcej zamówień, ale zaczęły się też kłopoty z realizowaniem ich w garażu, w miejscu objętym zakazem działalności produkcyjnej. Sam wyniósł się za miasto, gdzie nabył gaj cytrynowy z usytuowanym pośrodku domkiem mieszkalnym i garażem. Nadal wyrabiał krzesła z drzewa orzechowego – każde wykonane było ręcznie, każde odznaczało się najwyższą jakością. Do nowego warsztatu zamówienia z początku napływały skąpo, ale w tym właśnie czasie nadeszła propozycja z Departamentu Stanu: poproszono Sama Maloofa, aby udał się do Libanu, Iranu, a następnie Salvadoru, gdzie wraz z osobami odpowiedzialnymi za przemysł drzewny miał opracować program rozwoju tej gałęzi przemysłu na wsi.

Z biegiem lat jego meble zyskały prawdziwą sławę. Przyjął czeladnika, wybudował porządny warsztat i dom – wykańczając po kolei izbę po izbie. Zaczął otrzymywać oferty od właścicieli wielkich fabryk mebli: proponowano mu odkupienie projektów i tanią produkcję m. in. jego słynnych foteli na biegunach w liczbie kilku tysięcy sztuk miesięcznie. Sama nie interesowało jednak opatentowanie projektów; wolał kontynuować i doskonalić swoje rzemiosło. Wiedział, co lubi, wiedział też, że robi znakomite meble.

Nadszedł moment, gdy zwrócono się do niego z prośbą o poprowadzenie szkolenia i praktyk dla meblarzy-rzemieślników; wiele jego wyrobów zawędrowało do muzeów, wchodząc w skład stałych kolekcji. Niedawno uhonorowano Sama nagrodą MacArthura „dla geniuszy", zarezerwowaną jak dotąd dla pisarzy, artystów i filozofów. Przyniosła mu ona pięcioletnie stypendium w wysokości 60 tysięcy dolarów rocznie, wolne od podatku i wszelkich zobowiązań.

Czy ta nagroda pociągnęła za sobą jakieś zmiany w trybie życia i pracy Sama Maloofa? Jeśli w ogóle, to prawie niedostrzegalne. Ma teraz 71 lat i nadal pracuje mniej więcej 60 godzin w tygodniu. Zatrudnia dwóch pomocników. Cena jego fotela na biegunach wynosi obecnie 6 000 dolarów, a zamówień ma stale grubo ponad setkę.

– No i dlatego muszę tyle pracować – mówi z uśmiechem.

Satysfakcja i dobre samopoczucie starego mistrza biorą się w znacznej mierze z pracy: Sam Maloof wie bardzo dobrze, kim jest, zaś wytwarzane przez niego przedmioty są naturalną formą wyrażania samego siebie. Znalazł sobie zajęcie, które mu sprawia przyjemność, a wykonując tę samą pracę przez długie lata, doszedł w niej do mistrzostwa.

Znajdź sobie zajęcie, które będzie sprawiało ci przyjemność i które będziesz dobrze wykonywać; ćwicz tę umiejętność przez powtarzanie _____

ĆWICZENIA
POMAGAJĄCE
BUDOWAĆ
PEWNOŚĆ SIEBIE

Część druga

*Cała różnica między najlepszym i najgorszym
postępkiem objawia się zmianą tonacji naszego
wewnętrznego monologu myśli.*

Dorothy i Bette Harris

Praca nad swoimi myślami

Słynny *Ulisses* Jamesa Joyce'a, arcydzieło literatury światowej, to artystyczne odbicie strumienia świadomości przepływającego w ciągu doby przez psychikę Leopolda Blooma i paru innych postaci. Powieść Joyce'a w sposób niesłychanie klarowny dowodzi tej oto prawdy, że człowiek, nawet milcząc, nieustannie prowadzi konwersację, w której sam jest dla siebie partnerem.

Gdybym mógł jakimś cudem zainstalować urządzenia podsłuchowe w głowach moich pacjentów, ręczę, że przeważająca większość ich całodziennych wypowiedzi kierowanych pod własnym adresem miałaby zabarwienie negatywne. „Znowu dziś za późno wstałem – jak zwykle"; „Jakie okropne mam dzisiaj włosy"; „Ale głupio palnąłem. Teraz ona pewnie pomyśli, że ze mnie kompletny osioł". Wiele tysięcy takich myśli przelatuje co dzień każdemu przez głowę, nic też dziwnego, że w rezultacie zaczynamy coraz gorzej o sobie myśleć.

Właściwym sposobem budowania atmosfery sprzyjającej wzmacnianiu pewności siebie będzie ćwiczenie zmieniające tonację naszego monologu wewnętrznego – nadające mu bardziej przyjazny charakter.

ZASTĄP SAMOKRYTYCYZM PRZEKONANIEM O WŁASNEJ WARTOŚCI.

Warto posłużyć się przy tym starannie przemyślaną metodą Donalda Meichenbauma, która prowadzi właśnie do tego celu, to jest do zmiany treści naszych wewnętrznych myśli. Oto przykład. Poniższy tekst obrazuje podejście bardzo impulsywnego i samokrytycznego dziecka do zadania, które trzeba wykonać w czasie lekcji:

„Ojejku, ale to trudne! Na pewno wszystko tu poplączę. No i nie mówiłem? Zawsze muszę zrobić jakiś błąd... nigdy nie umiałem rysować. Ach, ty głupku, tu trzeba było pociągnąć w dół! Pani od razu zobaczy, że wymazywałem. Wygląda na to, że wszystkim idzie dobrze, tylko u mnie taki groch z kapustą. Starałem się jak najlepiej, ale nie wyszło."

A oto, jak zdaniem Meichenbauma powinno przemawiać do siebie to samo dziecko:

„No dobrze, co to ja mam zrobić? Aha, skopiować ten rysunek inną kreską. No to pomalutku, trzeba uważać. Dobra, pociągnij tę linię w dół, jeszcze w dół – fajnie. Teraz w prawo – o tak! Teraz w dół jeszcze troszkę – i w lewo. *Dobrze, na razie idzie mi nieźle. Tylko pomału.* Teraz z powrotem do góry. Nie, miało być w dół. *Teraz w porządku.* Trzeba tylko ostrożnie zetrzeć tę linię... ostrożnie. Dobra, a teraz w dół. *Koniec, udało mi się."*

Opisana powyżej metoda może w istotnym stopniu przyczynić się do przebudowania naszego wizerunku wewnętrznego.

Źródła samokrytycyzmu

Któż nauczył nas tych wiecznych do siebie pretensji? Oczywiście bliższe i dalsze otoczenie. Pamięć jednostki magazynuje tę niewyobrażalną liczbę negatywnych komunikatów słownych płynących z ust rodziców, nauczycieli, starszego rodzeństwa w całym procesie przekształcania dziecka w istotę społeczną. Tak dokładnie przyswajamy sobie lwią część tych komunikatów, że wchodzą one na trwałe w ogólny schemat naszych wewnętrznych całodziennych rozmów. „Dlaczego zawsze się spóźniasz?"; „Co się z tobą dzieje? Chcesz to rozlać?"; „Tędy, idioto!"; „Nie umiesz nawet złapać tej piłki?"

Pewnego razu wracałem późnym wieczorem z Dallas – gdzie miałem jakąś prelekcję – do Los Angeles. Była to chyba moja najdłuższa w życiu podróż samolotem. Tuż za mną siedziała jakaś pani z trzyletnią córeczką. Dziecko kaprysiło, na co matka reagowała irytacją:

– Nie potrafisz przez chwilę usiedzieć spokojnie?

– Nie, wcale nie musisz iść do ubikacji. Nie męcz mnie.

– Mam cię naprawdę dosyć.

– Jeśli nie przestaniesz się tak zachowywać, to zaraz ci przyleję.

W miarę zbliżania się do Los Angeles zdenerwowanie matki rosło, a jej wypowiedzi stawały się coraz ostrzejsze:

– Ach, ty mała zarazo! Cicho bądź!

– W całym samolocie nie ma drugiego tak nieznośnego bachora. Zamknij się w tej chwili!

– Czekaj, ty paskudne, złośliwe dziecko! Jeżeli się zaraz nie uspokoisz, to cię zaprowadzę do ubikacji i spuszczę takie lanie, że do końca życia popamiętasz!

Ja miałem ochotę powiedzieć temu dziecku:

– To nieprawda, kochanie, nie jesteś złośliwa. Po prostu tylko zmęczona, tak jak i twoja mamusia.

73

Wszak ten rwący potok poniżających komunikatów nieuchronnie wnikał w psychikę dziewczynki, by w przyszłości stać się trwałym elementem jej wewnętrznego monologu myśli.

Tak, to od ludzi z zewnątrz uczymy się oceniać samych siebie, przyjmując ich opinie za własne. Część psychologów idzie nawet dalej, utrzymując że całą wiedzę o sobie czerpiemy wyłącznie z reakcji innych ludzi wobec nas i naszych zachowań. „Masz kłopoty z matematyką, prawda?" – powie ktoś starszy, większy i mądrzejszy, i dziecko w sposób naturalny uznaje to za prawdę. W rezultacie już do końca życia na widok kolumny liczb uruchamia się automatyczna reakcja: „Pamiętaj, zawsze miałeś trudności z matematyką".

Jak rozmawiać z dziećmi

W świetle wspomnianych faktów rzeczą pierwszorzędnej wagi staje się dla nas, dorosłych, konieczność nasycania młodych umysłów jak największą ilością treści budujących, zachęcających. Gdy syn, córka czy uczeń popełniają taki czy inny błąd, trzeba oczywiście pomyłki te korygować, ale można to robić metodą pozytywną:

„Taki z ciebie inteligentny chłopak! Sam widzisz, że niebezpiecznie jest wywijać tym kijem w mieszkaniu."

„To całkiem do ciebie niepodobne. Twój zeszyt zawsze wygląda tak schludnie! Chciałabym, żebyś przepisał tę stronę."

„Joan, jesteś jedną z najlepiej wychowanych uczennic w tej klasie. Co takiego stało się dzisiaj, że rozmawiasz w czasie lekcji?"

„Kocham cię, Tom, ale dziś grasz mi na nerwach."

Taka postawa rodziców i pedagogów zaowocuje w przyszłości znacznie bardziej zdrowym charakterem i świadomością tych dzieci. Zaczną one z czasem myśleć o sobie w następujący sposób:

„Nie jestem przecież tępakiem. Zaraz to obliczę."
„To do mnie niepodobne. Trzeba zmienić tę sytuację. Najpierw przekonam się, na czym polega błąd, a potem przywrócę normalną produkcję."
„Przecież lubię dobrze żyć z ludźmi. Zawsze z zadowoleniem przychodzę do tego biura. Cenią mnie tutaj i bardzo mi z tego powodu miło."

Zasada zamienności

Przypuśćmy jednak, że ktoś nie miał tyle szczęścia, przeciwnie, w przeszłości wchłonął w siebie masę deprecjonujących komunikatów słownych, wskutek czego powstał u niego nawyk obrzucania się pretensjami: „Ale ze mnie zero z matmy!"; „Taki jestem w gorącej wodzie kąpany, że tylko patrzeć, jak wpadnę w tarapaty". Czy można jakoś temu zaradzić? Z pewnością. Można zacząć od zapoznania się z prawem zamienności, a następnie zastosować je w praktyce. Oczyszczanie umysłu z treści destruktywnych odbywa się poprzez napełnianie go myślami budującymi i zachęcającymi, tak aby zajęły one miejsce tych poprzednich.

Wszystkiego uczymy się w trakcie praktyki, tak jest i z umiejętnością życzliwego myślenia o samym sobie. Zatem jadąc rano do pracy, można tytułem eksperymentu ćwiczyć następujący monolog myślowy:

„No, dobra, nauczę się dzisiaj rozmawiać z sobą życzliwiej. Co dobrego mogę powiedzieć? Hm, jadę do pracy o czasie – to dobrze. Miło jest się nie spieszyć, można być uprzejmiejszym dla innych użytkowników jezdni. Kiedy mam na to czas jak dzisiaj, lubię być ostrożny. O, zatrzymam się i przepuszczę tę panią, widać, że jej się spieszy. Takie drobne szarmanckie gesty sprawiają mi zawsze dużą przyjemność. Nie lubię, gdy ktoś mnie prosi o wielką przysługę. Uuu! To było niedobre. Typowy przykład tego, co robię na co dzień. Jakby to ująć inaczej, żeby zabrzmiało zachęcająco? Może tak: Chciałbym nabrać zwyczaju wy- świadczania ludziom ważnych przysług. Byłoby mi pew- nie tak samo przyjemnie, jak choćby teraz, kiedy ustąpiłem tej pani pierwszeństwa. No a dzisiejszy dzień pracy? Spójrzmy, jak sprawy sto- ją. Co takiego mogę powiedzieć, żeby wprawić się w dobry nastrój? Hm, zacznijmy od tego, że w zeszłym miesiącu sporządziłem dla nowo przyjętych pracowników więcej har- monogramów zajęć niż kiedykolwiek. Joe jest pewnie z tego zadowolony. Zaczynam myśleć, że stanowię istotne ogniwo całego procesu naszej działalności. Pomagam utrzymywać morale. Aha, warto pamiętać, co w zeszłym tygodniu po- wiedziała Patti: że dzięki mnie w biurze jest weselej. Miły komplement. I wcale nie przesadny, między nami mówiąc. Ale wróćmy do dzisiejszego ranka. Na ogół nie mam nic przeciwko chodzeniu do biura, słowo. Mogę nawet powie- dzieć więcej: lubię to miejsce. Nienawidzę tylko papierko- wej roboty. Stop! Znowu ta sama śpiewka. Wróć. Założę się, że dziś jeszcze przed lunchem wykończę tę górę papierów, która piętrzy się na moim biurku. Lunch będzie dzięki temu jeszcze przyjemniejszy. Zjem go razem z Tomem. Zawsze cieszę się na to już z góry. Tom liczy się z moją opinią. Gdyby to zależało od niego, myślę, że chętnie powierzyłby mi całość finansów firmy."

Nawyk samodeprecjacji

Są ludzie, którzy wciąż za coś przepraszają, wciąż robią mało pochlebne uwagi na swój temat. Dlaczego? Bo ciągną z tego uboczną korzyść. Rozpatrzmy tę sprawę na przykładzie. Pan X po normalnym dniu pracy odczuwa oczywiście zmęczenie, niewielkie jednak, sądząc po nader energicznym tonie, którym prowadził ostatnią przed wyj- ściem rozmowę telefoniczną. Zamyka biuro i jedzie do domu. Kiedy po wprowadzeniu samochodu do garażu ukazuje się na ścieżce wiodącej do drzwi wejściowych, widzimy nagle innego człowieka. Patrząc na jego przygarbione plecy oraz smętnie obwisłe ramiona, można by przypuszczać, że znienacka przygniotła go śmiertelna niemoc. W domu, nie czekając nawet aż żona poda mu coś do picia, opada ciężko na fotel.

Co się właściwie stało? W tym konkretnym wypadku przyczyną owej dramatycznej zmiany jest żona, a ściślej mówiąc, jej nadmierne współczucie dla wyczerpanego straszną harówką męża. Pani X zawsze wita małżonka z najwyższą atencją, a później roztacza wokół niego atmosferę czułości, przekonana, że nieszczęśnik ma za sobą prawdziwie morderczy dzień pracy. Skutek? Mąż, wracając do domu, jest rzeczywiście bardzo zmęczony. Nie znaczy to wcale, że popełnia świadomą nieuczciwość, że odgrywa przed żoną komedię, myśląc: „Czuję się świetnie, ale zobaczmy, czy nie zyskam jakichś ekstra względów, jeżeli będę udawał wykończonego". Nie, pan X tak nie myśli, on naprawdę w drodze z garażu do domu zaczyna odczuwać straszliwe zmęczenie. Ale faktem jest przecież i to, że ma z tego uboczną korzyść.

Ciało ludzkie zdolne jest do zaskakujących reakcji w odpowiedzi na określone potrzeby emocjonalne swojego właściciela. Możemy więc odczuwać nawet nieznośny ból fizyczny, jeśli wyłącznie w ten sposób udaje nam się wyłudzić miłość czy współczucie. Nasz pan X już w drzwiach zaczyna opowiadać żonie, jaki to jest zmęczony. Wielokrotnie powtarza, ile miał dziś stresujących sytuacji, używając przy tym takich określeń, jak: „zmęczony", „zmordowany", „zestresowany", „wykończony". Nie ma się co dziwić, że ledwo chodzi – w jego świadomości dominują przez cały wieczór te negatywne myśli. To one sprawiają, że czuje się coraz bardziej zmęczony. Przed dziewiątą zasypia na tapczanie jak nieboszczyk.

Jak zmienić tę sytuację? Dokonać radykalnego zwrotu w treści i przebiegu własnych myśli. Pan X może na przykład powiedzieć sobie coś takiego:

„Miło wracać do domu po długim dniu. Dzisiaj czuję się dobrze. W żadnym razie nie poddam się zmęczeniu. Nawet słówkiem nie wspomnę Margie, że się naharowałem czy że mam dosyć. Kark mi trochę zesztywniał, ale to nic, wystarczy małe krążenie głową. Przeszło. Jak wspaniale wygląda trawnik przed naszym domem. Muszę powiedzieć Margie, że te nowe kwiatki są bardzo ładne. Jej samochód stoi w garażu. Jejku, jak to dobrze mieć żonę, która zawsze jest w domu i czeka! Idę o zakład, że dzisiaj się z nią pokocham. Po tylu latach małżeństwa Margie wciąż mnie podnieca. Dzięki Bogu, że to moje ciało nieźle jeszcze funkcjonuje, jak na swój wiek. O tak, jest za co dziękować Bogu. Dzisiaj daruję sobie drinka. «Odprężacz» mi niepotrzebny, a po alkoholu człowiek robi się senny. Tak, to dobra decyzja. Postępuję słusznie. Zapamiętam, że powinienem uroczyście poklepać się za to po ramieniu. No! Z garażu do domu przejdę sobie lekko tanecznym krokiem. Margie zasługuje na trochę wesołości, a nie żeby stale robić z niej studnię udręczeń. O rany, jak ja tę kobietę kocham! No i proszę, trochę zachęty, parę stanowczych słówek i zaraz lepiej się czuję. O, dużo lepiej. Ludzki mózg to naprawdę potężna maszyneria!"

Jeśli ktoś uzna, że przytoczony monolog w jego uszach brzmi nieco fałszywie, niech dostosuje go do własnych potrzeb. Należy tylko podjąć świadomą decyzję, że musi się w nim znaleźć strumień zachęcających wypowiedzi, nasyconych entuzjazmem, witalnością, ale i realizmem. Skutek może okazać się tak zdumiewający.

Słowa nadziei

Metodą ułatwiającą wytworzenie nawyku myślenia o sobie w kategoriach życzliwości, a przez to i budującego monologu wewnętrznych myśli, jest przelanie tych pozytywnych treści na papier. Myśl ludzka łatwo ulatuje, dlatego niektórzy z nas modlą się w ten sposób, że notują swoje modlitwy – jak gdyby pisali list do Pana Boga. Pisanie pomaga skoncentrować uwagę.

Nie ma lepszej podstawy do tego rodzaju ćwiczeń, niż wspaniałe słowa nadziei zawarte w Piśmie Świętym. Jeśli prawdą jest, że stajemy się tacy, jakie są nasze myśli, to przypominanie sobie i ustawiczne powtarzanie odpowiednich wersetów z Biblii wywoła w nas zmianę sięgającą aż do głębi jestestwa. Oto te afirmacje:

Pan światłem i zbawieniem moim: kogóż mam się lękać? (Ps 27,1).

(...) ci, co zaufali Panu, odzyskują siły (...) (Iz 40,31).

(...) Bóg z tymi, którzy Go miłują, współdziała we wszystkim dla ich dobra (...) (Rz 8,28).

Wszystko mogę w Tym, który mnie umacnia (Flp 4,13).

Zastąp samokrytycyzm przekonaniem o własnej wartości _____

*Największych dzieł dokonali ci,
którzy dziwnym sposobem zachowali zdolność
do snucia wspaniałych marzeń przez całe życie.*

Walter Russell Bowie[*]

Wyobraźnia znaczy więcej niż wiedza.

Albert Einstein

Nowy obraz własnej osoby

Jest i drugie ćwiczenie bardzo przydatne w budowaniu zdrowego szacunku dla samego siebie. Znamienne, że od pewnego czasu uprawiają je z widocznym powodzeniem sportowcy. Ćwiczenie to nazywane jest „mentalną projekcją celu" czy „budowaniem wizji", a streścić je można następująco:

ZASTĄP OBAWĘ PRZED NIEPOWODZENIEM WYRAZISTYM OBRAZEM CELU DZIAŁANIA I SUKCESU.

W październiku 1979 roku dr Charles Garfield, profesor nadzwyczajny Wydziału Medycznego Uniwersytetu

---

[*] Walter Rassell Bowie (1882–1969) – autor, profesor teologii stosowanej.

Kalifornijskiego, wziął udział w sympozjum medycznym zorganizowanym w Mediolanie. Poznał tam kilku europejskich psychologów specjalizujących się w problemach sportu wyczynowego. Przedmiotem ich badań – prowadzonych od lat dwudziestu kosztem wielu milionów dolarów – były optymalne metody treningu ciężarowców. Wywiązała się trwająca do późnej nocy dyskusja, podczas której Europejczycy przedstawili dr. Garfieldowi swoją teorię wpływu odpowiednio ukierunkowanej wyobraźni na wyniki w sporcie. Dr Garfield, niezmiernie tym zainteresowany, zgłosił chęć poddania się próbie w charakterze królika doświadczalnego. O drugiej w nocy obudzono więc właściciela miejscowej hali sportowej i rozpoczęto eksperyment. Europejscy koledzy zapowiedzieli uprzednio dr. Garfieldowi, że używając wyłącznie metod psychologicznych, potrafią w istotny sposób powiększyć jego zdolność do dźwigania sztangi. W pierwszej próbie z olbrzymim wysiłkiem udało mu się wycisnąć 136 kilogramów; różne skomplikowane urządzenia rejestrowały w tym czasie przebieg jego fal mózgowych, pracę serca i napięcie mięśni.

Eksperymentatorzy zadali teraz następujące pytanie obiektowi swoich doświadczeń: Jak myśli, jakiego rzędu ciężar zdołałby podnieść w czasie ważnych zawodów, zakładając przy tym że byłby w najwyższej formie? „Może 140 kilogramów" – odparł badany.

Poddali mnie jakimś bardzo głębokim ćwiczeniom relaksacyjnym – opowiada dalej Garfield – po czym kazali sobie wyobrazić, że gładko podnoszę te 136 kilogramów plus dodatkowe 20 procent. Po czterdziestu minutach czegoś w rodzaju wielokrotnej repetycji mentalnej polecono mi dźwignąć sztangę, na którą – na oko sądząc – nałożono spory ciężar dodatkowy. Po jednym falstarcie podniosłem ją z większą łatwo-

ścią niż poprzednio te 136 kilogramów. Dopiero wtedy powiedziano mi, że wycisnąłem 166-kilogramowy ciężar! Zgodnie z kalkulacjami moich „trenerów" poradziłbym sobie bez trudu nawet ze 180 kilogramami, oni odstąpili jednak od tego zamiaru przez wzgląd na ewentualne odkształcenia zagrażające moim mięśniom.

Opisana tu metoda oparta jest na znanym fakcie, że myślimy nie za pomocą słów, ale obrazów. Trenowani w ten sposób zawodnicy koncentrują się wciąż na tym samym celu poprzez wyobrażanie sobie momentu jego osiągnięcia. Jest to rodzaj mentalnego filmu przedstawiającego ich w szczycie formy – gdy na przykład podczas skoku wzwyż swobodnie szybują nad poprzeczką.

Technika ta okazuje się równie przydatna dla osób mało pewnych siebie. Żeby zwyciężyć, trzeba umieć być zwycięzcą. Żeby zyskać pewność co do własnej wartości, trzeba z szacunkiem patrzeć na siebie samego, cenić się wysoko. Gdy stajemy przed trudnymi zadaniami, powinniśmy uruchomić naszą wyobraźnię i poprzez nią zobaczyć siebie w pozycji sukcesu.

Niektórzy autorzy chrześcijańscy zaatakowali ostatnio tę metodę jako niechrześcijańską, trącącą jakoby okultystyczną wizualizacją. No cóż, różnica może rzeczywiście okazać się dość trudna do sprecyzowania dla niektórych osób. Kluczem do rozróżnienia jest źródło mocy i zdefiniowanie wiary. Zawsze będziemy wiedzieli, czy taka wiara jest stanem emocji, czy zaufaniem Słowu Bożemu, a źródłem Jezus czy jakiś bliżej nieokreślony byt. Nie kto inny, lecz właśnie Pismo Święte wielokrotnie nas napomina, abyśmy modlili się z wiarą do Boga Żywego, bowiem to, czy nasze prośby zostaną wysłuchane, zależy również od intensywności naszej wiary.

W umysłach ludzi, którzy dawno uznali się za przegranych, też przewija się taka taśmy filmowa, tylko że na niej są nagrane wyłącznie obrazy klęsk. Uporczywie powracają do nas niesłychanie żywe wspomnienia wszelkich najgorszych niepowodzeń, a gdy stajemy przed trudnym zadaniem, ogarnia nas taki sam niepokój, jak dawniej. Pamiętajmy: umysł myśli obrazami, nie słowami. Ten niepokój powoduje z kolei, że i na przyszłość widzimy siebie w sytuacjach, które nieodmiennie kończą się katastrofą. Czasami potrafimy wyobrażać je sobie nader plastycznie: popełniamy straszliwą gafę, plajtujemy, obrzuca się nas zgniłymi jajkami. Ciągłe odtwarzanie w głowie tych przykrych scen staje się niedobrym nawykiem wywierającym wpływ na całość naszych zachowań. Jak słusznie twierdzi Norman Cousins:

Najbardziej pozbawieni pewności siebie są ludzie, u których rozwinęły się obsesyjne lęki – kosztem ich marzeń.

Powiedzmy, że ktoś w drodze do pracy rozmyśla o czekającym go dniu. Wie, że harmonogram ma bardzo napięty. Łatwo sobie wyobrazić, co to będzie: nerwy, kłótnie, lawina trudności. W tych warunkach nie obejdzie się bez zmęczenia i stresu, a popołudnie będzie się wlec w nieskończoność. Mężczyzna jadący do pracy widzi to wszystko tak wyraźnie, jakby siedział przed telewizorem.

Ktoś rzekł kiedyś trafnie: „Nie jest powiedziane, że spotka nas to, czego chcemy, natomiast to, czego się spodziewamy – na pewno". Jeśli więc oczekujemy koszmarnego dnia pracy, pełnego problemów i napięć, najprawdopodobniej będzie on właśnie taki. I odwrotnie. Jeśli potrafimy szczegółowo i przekonywająco wyobrazić sobie, że cieszą nas wyznaczone na ten dzień zadania, że wykonujemy je bez przymusu i napięcia, że współpraca z zespołem sprawia nam wielką przyjemność, że wreszcie śmiechem kwitujemy napotykane po drodze absurdy, a w końcu szczęśliwie radzimy sobie ze wszystkimi trudnościami, istnieje duże prawdopodobieństwo, iż rzeczywistość okaże się bardzo zbliżona do tego obrazu. Louis E. Tice, szef Pacific Institute, nazywa to prawem skupienia uwagi: człowiek zmierza ku temu, co zaprząta jego myśli.

Tice mówi dalej, że niezmiernie istotne są odpowiedzi na następujące pytania:

- Jak pragnę widzieć swoją przyszłość?
- Jaki mam obraz idealnie funkcjonującego małżeństwa?
- Jak będzie wyglądał mój nowy dom?
- Jak wyobrażam sobie idealny wieczór w rodzinnym gronie?
- Jak obraz własnej, doskonale prosperującej firmy jawi się moim oczom?

My, ludzie, przypominamy żyjące magnesy, zatem jeśli tylko dostatecznie plastycznie i wystarczająco często potrafimy kreować w myślach obrazy rzeczy, sytuacji, wydarzeń, to wywieramy na nie przedziwny wpływ: oto w niepojęty sposób spełniają się nasze wizje. Pewien słynny restaurator zapytany, kiedy zaczął się jego sukces, odparł:

– Kiedy jeszcze sypiałem w parku na ławce. Już wtedy wiedziałem, czego chcę i doskonale umiałem wyobrazić sobie swoją przyszłą restaurację. Miał to być najlepszy tego typu lokal w całym mieście. Urzeczywistnienie tego obrazu było po prostu tylko kwestią czasu.

Thomas Watson senior miał czterdzieści lat, kiedy został dyrektorem generalnym niewielkiej firmy produkującej maszyny do plasterkowania wędlin, zegary kontrolne oraz prymitywne maszyny liczące. Watson od razu zrozumiał – a było to na dziesięć lat przed zastosowaniem komputera na skalę przemysłową – jakie perspektywy otwierają się przed maszyną do gromadzenia i przetwarzania danych. W duchu i na miarę tych zamysłów przemianował swoje małe przedsiębiorstwo, nadając mu nazwę: International Business Machines Corporation. Zapytany pod koniec życia, w którym momencie wyobraził sobie IBM jako tak wielką i bogatą firmę, odpowiedział: „Tak ją sobie wyobrażałem od samego początku".

Młodzieńcze lata mężczyzny nazwiskiem George Lopez upłynęły w podejrzanej dzielnicy Los Angeles. Żył wtedy – jak mi opowiadał – od bójki do bójki.

Jechałem do dzielnicy portowej San Pedro, parkowałem swój samochód i oparty o maskę czekałem na jakiegoś członka młodzieżowego gangu, żeby go zaczepić i sprowokować do walki. Tak szlifowałem swoje umiejętności. Za to w szkole – byłem wtedy w liceum – zupełnie się nie uczyłem, zbierałem same trójki, i to przeważnie z minusem. W ostatniej klasie dwaj moi kumple oświadczyli, że idą do college'u.

– Co to takiego ten college? – spytałem.

– Hm – wzruszyli ramionami – idzie się tam po liceum. Powiedziałem sobie, że gdzie moi kumple, tam i ja, no i jesienią następnego roku znalazłem się w publicznym college'u El Camino. Jako że nie miałem nawyku uczenia się, a zajęcia jak zwykle opuszczałem, więc w ciągu niewielu tygodni znalazłem się na najlepszej drodze do wydalenia z uczelni. Mnie tam było wszystko jedno i pewnie bym wyleciał, gdyby nie profesor Donald R. Haydu, nauczyciel historii, który nie wiadomo dlaczego zainteresował się moją osobą, poprosił mnie na rozmowę i zaczął mówić o moich życiowych szansach. Żaden nauczyciel nigdy jeszcze nie rozmawiał ze mną w taki sposób. Pomijam już, jak do tego doszedłem – o, były to zawiłe kalkulacje! – w każdym razie w następnym semestrze podjąłem ważną decyzję: zostanę lekarzem. Do końca życia nie zapomnę dnia, w którym powziąłem to postanowienie. Wcześniej już wyliczy-

łem, że cała edukacja kosztować będzie 55 tysięcy dolarów, a ja miałem w kieszeni wszystkiego 44 centy. Ojciec od początku był przeciwny mojemu pójściu do college'u; zapowiedział też, że nie stać go na żadną pomoc. Ja mimo to wiedziałem, że jakoś to będzie, zostanę lekarzem, musi się znaleźć jakiś sposób.

Kiedy zacząłem uczęszczać na zajęcia z chemii organicznej, mocno odstawałem poziomem wiedzy od kolegów, więc z wyprzedzeniem czytałem materiał następnego wykładu – raz, potem drugi – żeby jakoś rozgryźć ten problem. Skończywszy dany rozdział, brałem się za niego znowu – tym razem od końca. Nawet i wtedy nie rozumiałem wielu rzeczy, no ale szedłem na wykład z materiałem przeczytanym trzy lub cztery razy, tak że wystarczyło zadać odpowiednie pytanie, aby brakujące kawałki łamigłówki wskoczyły na miejsce.

Wychodziłem z domu o szóstej rano i siedziałem na uczelni do jedenastej wieczorem – aż do zamknięcia biblioteki. Wracając pieszo do domu, myślałem o sobie już jak o lekarzu. „Doktor medycyny George Lopez" – wyraźnie widziałem tę tabliczkę na drzwiach swego przyszłego gabinetu. Wyobrażałem sobie, jak badam pacjentów, wykonuję zabiegi, wdrażam nowatorskie metody i urządzenia medyczne. Przewijałem w głowie tę taśmę dziesiątki razy i pewien jestem, że tylko dzięki temu budziłem się następnego ranka pełen nowych sił i energii.

A rezultat? Dr George Lopez ukończył studia z wyróżnieniem; niebawem stanął na czele grupy lekarzy, którzy wspólnie otworzyli prywatną praktykę, a obecnie jest właścicielem firmy, która produkuje na rynek sześć opatentowanych środków medycznych. Dzięki nim już w najbliższym dziesięcioleciu uda się uratować tysiące ludzkich istnień.

A oto kilka wskazówek praktycznych dotyczących budowania wizji:

1. Wyznacz sobie stały czas i miejsce. Ci, którzy budują swoją wizję celu, przeznaczają na to zwykle 15-20 minut dziennie – podobnie jak kiedyś dr Lopez. Można to robić jadąc do pracy środkiem komunikacji publicznej, podczas lunchu, wczesnym rankiem albo pod koniec dnia, wszystko jedno, ważne, aby działo się to zawsze o tej samej porze i w tym samym miejscu, gdyż powtarzające się sytuacje ułatwiają nam utrzymanie systematyczności. Skoncentrujmy się na marzeniach. Wyobraźmy sobie, jak dochodzi do realizacji celu. Nie bójmy się już teraz zakosztować smaku sukcesu. Trzeba przy tym przez cały czas przeciwstawiać się myślom destruktywnym. Zwłaszcza te głęboko zakorzenione lubią nas zaciekle atakować, dlatego trzeba długiego czasu i ćwiczeń, zanim uda się je przekształcić w pełne optymizmu i wiary spojrzenie w przyszłość.

2. Wyobrażaj sobie konkretne, realne sytuacje. Nie warto snuć marzeń o czymś, co ma się wydarzyć w jakiejś bliżej nieokreślonej przyszłości. Myśl o tym, co możesz umieścić w realnym kontekście. Thomas Fatjo miał dopiero 36 lat, gdy zdążył już z 500 dolarów oraz sfatygowanej śmieciarki zrobić największe krajowe przedsiębiorstwo oczyszczania miast i utylizacji odpadów stałych. On sam przypisuje swój sukces w wielkiej mierze temu, co nazywa „twórczym marzeniem".

I tak na przykład – pisze Fatjo – w początkowej fazie rozwoju pierwszego przedsiębiorstwa śmieciarskiego, założonego w Houston, lubiłem wyobrażać sobie ciężarówki, całą eskadrę niebieskich ciężarówek, jak mglistym porankiem wyruszają z parkingu na ulice naszego miasta. W wyobraźni wprost widziałem te samo-

chody sunące ulicami Houston i uwijających się przy nich ludzi.

Była to pora marzeń. Nie poświęcałem tego czasu planowaniu konkretnych posunięć, kalkulowaniu metod, którymi można by te fantazje wcielić w życie. Nie, przed oczami miałem wciąż obraz celu.

3. Zaangażuj wszystkie pięć zmysłów. Aby zasmakować wizji spełnianych planów i przygotować się psychicznie do akcji, staraj się zaangażować wszystkie swoje zmysły w trakcie budowania wizji, tak by zawierały jak najwięcej konkretnych szczegółów. Usłysz dźwięki dobiegające z miejsca akcji, doświadczaj uczucia triumfu, spróbuj złowić w nozdrza zapach realizującego się właśnie sukcesu. Przypuśćmy na przykład, że ktoś nie czuje się pewnie w większym towarzystwie. Ten ktoś powinien wyobrazić sobie najbliższe towarzyskie spotkanie, gdy znajduje się w salonie wśród gości, a z sąsiedniego pokoju dobiega go śmiech i okrzyki rozbawionych dzieci. Dobrze będzie popatrzeć dłuższą chwilę na prześliczne bukiety kwiatów, chłonąc ich delikatny zapach, pokosztować przygotowanych potraw i wreszcie zobaczyć siebie w doskonałym nastroju, swobodnie i pewnie prowadzącego miłą konwersację.

4. Zachowaj realizm przy budowaniu wizji. Swoje marzenia buduj na miarę swojej wyobraźni. Louis Tice, właściciel wspomnianego już Pacific Institute, organizacji dysponującej wielomilionowym kapitałem, która prowadzi szkolenia dla małych przedsiębiorców pragnących rozwinąć swoją działalność, pisze:

Kiedy jako nauczyciel zarabiałem 20 tys. rocznie, dochód taki, jaki osiągam obecnie, był dla mnie czymś w rodzaju szklanej góry. Nie potrafimy wyobrazić so-

bie, co to znaczy zarabiać 500 tys. rocznie? A ile byśmy
potrafili? 100 tys.? 30 tys.? Ja, zarabiając mniej niż 2
tys. miesięcznie, myślałem, jak by to było, gdybym
zarabiał 2 i pół tys. i czy dałoby się o tyle powiększyć
mój dochód. Doszedłem do wniosku, że owszem, i os-
woiłem się z tym wyobrażeniem. Nie minęło wiele czasu
– i osiągnąłem to. Wtedy zacząłem myśleć o 3 tys. i tak
dalej.

Są takie osoby, a należą do nich zwłaszcza przywódcy
polityczni, którzy niestety grzeszą rozbudzaniem w ludziach wygórowanych oczekiwań. Powtarzają mianowicie, że każdy może osiągnąć wszystko: wystarczy odpo-
wiednia doza wiary i ciężkiej pracy. Śmieszne frazesy.
Taka drętwa mowa oczywiście wywołuje w nas sprzeciw,
uważajmy więc, aby przy okazji nie wylać dziecka razem
z kąpielą, to znaczy nie wyrzec się wszelkich marzeń, gdyż
skutki tego są fatalne.

Pamiętajmy słowa Neila Armstronga wypowiedziane
krótko po owym pierwszym historycznym kroku człowieka na Księżycu: „Od najwcześniejszego dzieciństwa ma-
rzyłem o dokonaniu czegoś doniosłego w dziedzinie lo-
tów".

Zastąp obawę przed niepowodzeniem wyrazistym obrazem celu działania i sukcesu

DROGA
DO NIEZALEŻNOŚCI

Część trzecia

Nie bierzcie więc wzoru z tego świata,
lecz przemieniajcie się przez odnawianie umysłu.

List do Rzymian 12,2

Nie mam recepty na sukces, służę za to przepisem
na niepowodzenie: Spróbujcie zadowolić wszystkich.

Herbert Bayard Swope*

Uwolnienie
od cudzych oczekiwań

Sydney J. Harris szedł któregoś wieczoru nowojorską ulicą ze swoim przyjacielem, który w pewnym momencie przystanął, żeby kupić gazetę. Gazeciarz nie grzeszył uprzejmością: w sposób wyjątkowo gburowaty wydał klientowi resztę, ten wszakże wcale tym nie zrażony spojrzał mu prosto w twarz i bardzo serdecznie się pożegnał.
– Coś nie w sosie ten facet, nie uważasz? – rzucił Harris.
– Ach, zawsze jest taki – wzruszył ramionami przyjaciel.
– To dlaczego nadal okazujesz mu tyle uprzejmości? – zdziwił się Harris.
– A dlaczego nie? Dlaczegóż to on ma mi dyktować, jak powinienem się zachowywać?

---

* Herbert Bayard Swope – amerykański dziennikarz, reporter; zmarł w 1958 r.

Przyjaciel pana Harrisa najwidoczniej wiedział, co to niezależność. Miał ponadto solidny, dobrze wyważony środek ciężkości. I takiego to właśnie środka ciężkości – a będzie nim niewzruszona świadomość tego, kim jesteśmy i czego chcemy – musi dorobić się każdy, kto pragnie rzeczywistej pewności siebie.

Niestety, przeciętny człowiek reaguje w takich sytuacjach znacznie gwałtowniej. Pozwala tym samym, aby osoby z zewnątrz – swoim zachowaniem bądź za sprawą nadziei, które z nim wiążą – wywierały decydujący wpływ na jego postawy. Rozdział niniejszy i następny poświęcone są sztuce niezależności: będzie w nich mowa o tym, jak pozostać sobą, jak wznieść się ponad cudze nadzieje i wymagania. Pierwszym krokiem na drodze do niezależności powinna bowiem stać się dla nas dewiza:

POZWÓL SOBIE NA TROCHĘ EKSCENTRYCZNOŚCI.

Osoby bardzo pewne siebie z reguły cieszą się licznymi dowodami miłości i przyjaźni, gdyż mają odwagę różnić się od otoczenia. Żaden człowiek nie potrafi egzystować bez miłości innych – to znana powszechnie prawda. W następnym rozdziale zajmiemy się zresztą znaczeniem silnych więzi przyjacielskich i tym, jak bardzo podnoszą one mniemanie człowieka o sobie, ale jest to sprawa zupełnie inna niż neurotyczna potrzeba przypodobania się bliźnim. Tylu jest przecież ludzi, którzy w zamian za uznanie, którego od nich ktoś oczekuje, chcieliby narzucać swoje warunki! Poddać się ich woli to tyle, co przeżyć życie na klęczkach.

Chęć zadowolenia innych i jej niebezpieczne skutki

Dr Neil Clark Warren, były dziekan Fuller School of Psychology, uważa, że tracimy w życiu mnóstwo energii, usiłując przypodobać się ludziom. Próbujemy rozszyfrować charaktery różnych osób odgrywających dla nas ważną rolę, odgadnąć, czego sobie od nas życzą, usiłujemy wreszcie tak się zmienić, by spełnić wszystkie ich wymagania. Doktor Warren pisze:

Wystarczy dać się na to nabrać, a już zewsząd atakują nas żądania. Matka na przykład pragnie, abym był łagodny, miły i kochający. Tata przeciwnie: mam być twardy, pewny siebie i stanowczy. Żona chce widzieć we mnie tygrysa – silnego, zwycięskiego, ale i wrażliwego. Przyjaciele żądają szczerości i odwagi. Studenci: ci chcieliby mieć kompetentnego, rozsądnego, gruntownie wykształconego wykładowcę, który oprócz tego stosowałby niezawodne metody nauczania. Zgodnie z życzeniami władz uczelni powinienem twardo stać na gruncie obowiązujących zasad, być wszelako człowiekiem miłosiernym; traktować studentów indywidualnie, uwzględniając dzielące ludzi różnice, ale jednocześnie nie robić wyjątków! Mam ponadto skutecznie zabiegać o fundusze, być administratorem, uczonym i nauczycielem. Grono towarzyskie oczekuje ode mnie pewnie tego, żebym był stuprocentowym mężczyzną czułym na damskie wdzięki.

Chwilami mam ochotę wrzasnąć: „Nie, wykluczone, nie dam rady!" I wtedy słyszę jakiś głos: „Nie dasz rady? To udawaj!" Ha, nie tak łatwo dobrze udawać, więc to pasjonujące zadanie zaczyna nas pochłaniać bez reszty. Nakładamy maski, uczymy się wymaganych ról, stajemy się aktorami, ba! kameleonami. Tak przerzucamy się z jednej roli w drugą natychmiast, gdy tylko znajdzie się ktoś nowy, kto spodziewa się po nas czegoś innego. Ludzie patrzą na nas z zachwytem, są z nas dumni, ubiegają się o nasze towarzystwo, przyznają awanse, klepią po ramieniu, przypinają ordery.

Tak wiele znaczymy dla innych ludzi, czemu więc sobie staliśmy się zupełnie obcy? Cóż, udało nam się zaspokoić wszystkie potrzeby, z wyjątkiem własnych.

Powrót do własnej twarzy

Alternatywą tego wszystkiego jest – jak to trafnie ujął Clark Warren – „powrót do własnej twarzy" i taka postawa życiowa, jaka wynika z autentycznej natury danej jednostki.

Kiedy postanawiamy skończyć z udawaniem, że jesteśmy takimi, jakimi chcą nas widzieć inni, dokonujemy ważnego wyboru: w tej właśnie chwili wstępujemy na drogę ku wolności. Piosenkarka Risë Stevens nauczyła się zachowywać na estradzie z bezbłędnym opanowaniem, niestety, owa demonstracyjna pewność siebie opuszczała ją bez śladu w prywatnych sytuacjach towarzyskich.

– Moje skrępowanie brało się stąd – opowiada – że próbowałam być tym, kim nie jestem: taką samą gwiazdą w salonie, jak na estradzie. Wystarczył czyjś inteligentny żart, a ja zaraz próbowałam go przebić – i pudłowałam. Stwarzałam pozory, że znam się na rzeczach, o których nie miałam pojęcia.

Widząc jak fatalnie w ten sposób przegrywa, Risë przeprowadziła z sobą rozmowę od serca:

Zrozumiałam, że trudno i darmo, nie jestem ani intelektualistką, ani tak zwaną duszą towarzystwa, a zyskać mogę tylko pozostając sobą. I tak, mając przed oczyma popełnione błędy, zrezygnowałam z prób imponowania ludziom, a zaczęłam przysłuchiwać się temu, co mówią, i zadawać pytania. Stwierdziłam przy okazji, że wiele muszę się jeszcze nauczyć. Otwierając usta, starałam się więc po prostu brać udział w rozmowie, a nie błyszczeć. Skutek był natychmiastowy: kontakty towarzyskie nieoczekiwanie nabrały ciepła... Poznałam radość obcowania z ludźmi. Oni też bardziej lubią moje prawdziwe ja.

Czy kobieta to istota bardziej zależna?

Liczne prowadzone na ten temat badania wykazują, że kobiecie o wiele trudniej niż mężczyźnie eksponować swoją indywidualność. Zgodnie z odwiecznym stereotypem mężczyzna żyje pracą, a kobieta miłością, toteż gdy kończy się małżeństwo bądź inny związek uczuciowy, kobieta odczuwa to dużo dotkliwiej.

Czyżby zatem z natury była ona istotą słabszą i bardziej zależną? Bynajmniej. Wspomniana różnica wynika z tradycyjnego modelu rodziny, który powoduje m.in. to, że małe dzieci większość czasu spędzają pod opieką matek. Bardzo pouczające badania nad skutkami tej sytuacji przeprowadziła Nancy Chodorow. Wykazała ona na przykład, jak szybko mały chłopiec uświadamia sobie, że nie jest podobny do matki i postanawia zaznaczyć swoją odrębność w stosunku do jej osoby. Męskość nabiera zatem kształtu poprzez separację. Dziewczynka nie odczuwa takiej potrzeby, przeciwnie, zachowuje bliski związek uczuciowy z matką. Fakty te mają niezmiernie poważne konsekwencje, rodzą bowiem u obu płci specyficzne słabości, wytwarzają też odmienne postawy wobec życia. Chłopcy wyrastają najczęściej na ludzi niezależnych, którym jednak trudno nawiązać bliższe więzi uczuciowe. Kobiety przeważnie nie mają z tym kłopotu – im z kolei trudno o niezależność.

U kobiet kilkakrotnie częściej niż u mężczyzn rejestruje się przypadki depresji; to one zużywają aż 70 procent środków psychotropowych (uspokajających i pobudzających). Dlaczego? Skąd taka różnica? Odpowiedzi na to pytanie udziela autorka Maggie Scarf – i chyba ma rację:

> *Kobiety częściej cierpią na depresję z tej oto przyczyny, że wpojono im zależność od mężczyzn oraz pogoń za miłością. To także sprawia, że tak rzadko osiągają poczucie niezależności. Zadowalać innych, przyciągać ich swą atrakcyjnością fizyczną, znaleźć czułą opiekę, troszczyć się o innych – oto najwyższe kobiece priorytety. Twarda szkoła odbierana przez kobietę w procesie wychowania odwodzi ją od myślenia kategoriami „czego ja chcę" na korzyść „czego chcą oni".*

Podległość pozbawia człowieka odporności, czyniąc go istotą bardzo podatną na wpływy. Nie do końca uformowana osobowość kobiety może przybrać kształt narzucony jej przez otoczenie. Póki jest atrakcyjna, póki spełnia wymagania rodziny i innych liczących się osób, zachowuje o sobie dobre mniemanie. Niech no jednak skończy się małżeństwo albo dzieci wyfruną z domu – a już zaczyna się dla niej samotność i pustka.

Tak, związki uczuciowe to rzecz bardzo ważna dla prawidłowego poczucia pewności siebie, nie jest jednak dobrze, gdy miarą własnej wartości staje się odpowiedź na pytanie: Czy aby zadowalam wszystkich i do jakiego stopnia? Każdy, kto kieruje się takim kryterium, prędzej czy później znajdzie się pod gwałtownym ostrzałem krytyki – i to ze wszystkich możliwych stron.

Radzić sobie z krytyką

Aby zyskać poczucie niezależności, trzeba spełnić nieodłączny warunek: nauczyć się znosić krytykę. Dla wielu ludzi jest to sprawa wyjątkowo trudna – czasem jedna negatywna uwaga potrafi doszczętnie zburzyć cały, z takim wysiłkiem zbudowany, wizerunek własny – niemniej przy odpowiednich staraniach można sobie przyswoić postawę, która pozwoli zachować spokój nawet w obliczu najostrzejszej krytyki.

Winston Churchill, pisząc o brytyjskim generale Tudorze, który w marcu 1918 roku dowodził dywizją odpierającą zmasowany atak niemiecki, stwierdził: „Tudor przypominał żelazny kołek wbity w zamarzniętą ziemię – nie dawał się ruszyć". Sytuacja na froncie wybitnie nie sprzyjała generałowi, on jednak umiał się oprzeć pozornie niezwyciężonym siłom nieprzyjaciela: po prostu twardo stał w miejscu, pozwalając Niemcom tracić impet w kolejnych wyczerpujących atakach. Taka sama siła potrzebna jest każdemu z nas w obliczu wszelkich trudności, zwłaszcza zaś krytyki, jeśli chcemy być istotnie pewni siebie i niezależni.

Mówiąc to przypominam jedynie starą prawdę. Zewsząd słyszymy przecież, że nie warto przejmować się krytyką. „Bądź ponad to"; „Kto to widział tańczyć tak, jak ci zagrają." Owszem, ale od dobrych rad do faktycznej niezależności wciąż jeszcze daleka droga. Jak więc praktycznie zaznaczyć swoją indywidualność, jak nie dać się wodzić za nos? Zauważyłem, że prawdziwi nonkonformiści mają pewne cechy wspólne, wyróżniające ich z otoczenia.

1. Mówią, co myślą. Czy nasze rozmowy towarzyskie nie stałyby się bardziej zajmujące, gdybyśmy swobodniej wyrażali swoje poglądy? Dlaczego na przykład utarła się bezsensowna opinia, że w eleganckim towarzystwie nie dyskutuje się o polityce i religii? A czy w ogóle da się prowadzić interesującą konwersację bez dyskusji na te dwa tematy? Wiem, istnieją ludzie przekorni, skorzy w każdej chwili do kontry po to tylko, aby wszcząć spór – i nie o taką postawę mi chodzi. Wcale nie zalecam sprzeciwiania się innym dla zasady. Wiem jednak również, że na jedną taką osobę przypada co najmniej dwustu śmiertelnych nudziarzy, którzy jak ognia boją się kogokolwiek urazić.

Przysłuchiwałem się kiedyś wypowiedzi 76-letniej Maggie Kuhn, byłej rzeczniczki „Szarych panter", na temat jej zniedołężniałych rówieśników: „Trzy razy miałam raka – mówiła – i wyzdrowiałam. Mam też zartretyzowane palce i kolana, a przecież nadal się poruszam." Jakim przyczynom przypisywała swą sprawność ta starsza pani? Jednej: swobodzie wyrażania własnych poglądów. „Starość – to znakomita pora na skandale – oświadczyła. – Uważam za swój punkt honoru przynajmniej raz w tygodniu wywołać skandal słowem lub czynem."

2. Wciąż poszukują. Louis Fischer, biograf Gandhiego, pisze, iż ten wielki hinduski przywódca „niezmiennie rezerwował sobie prawo do sporów" z... Mahatmą Gandhim. Całe jego życie było nie kończącym się odkrywaniem nowego; nie zmieniło się to nawet po siedemdziesiątce.

Nie miał w sobie ani krzty nadętej pompy – wspomina Fischer. – Nie był ani zdeklarowanym hinduistą, ani racjonalistą, ani pacyfistą, był jednostką niezależną, nieskrępowaną, nieprzewidywalną, fascynującą i trudną. Rozmowa z nim przypominała podróż w nieznane: miał odwagę wielkiego odkrywcy, który bez map i kompasu rusza wszędzie, dokąd tylko zechce.

3. Bywa, że mówią „nie" innym, by powiedzieć „tak" samym sobie.
– Nie masz pojęcia, ile czasu marnuję na spotkaniach towarzyskich, w których, szczerze mówiąc, wolałbym nie uczestniczyć – powiedział mi niedawno pewien znajomy.
– Czy te zobowiązania wynikają z twojej działalności zawodowej? – zapytałem.

– Nie, to obowiązkowe imprezy przyjacielsko-rodzinne. Nie umiem się od tego wymigać, wiesz, mogliby się obrazić.

Cóż, istnieją uznane formy uprzejmej odmowy, a nawet jeśli czasem ktoś się obrazi, lepsze to niż lukrowane zakłamanie, które daje ostatecznie ten skutek, że zaczynamy żyć pod cudze dyktando. Trzeba nieraz powiedzieć „nie" dobremu, żeby powitać lepsze.

Tak, czasami w imię własnego dobra musimy bezwarunkowo oprzeć się manipulatorskim zapędom krewnych, przyjaciół, znajomych. Na dowód tego Anthony Brandt przytacza następujący przykład: Pewna pani zwróciła się do przyjaciela z prośbą o drobną przysługę. Niech skontaktuje się z hydraulikiem, który dopiero co zainstalował nowe urządzenie w jej łazience, i powie mu, że źle to zrobił. Przyjaciel uznał tę prośbę za wyjątkowo osobliwą, ale zdawał też sobie sprawę, że odmawiając, wystawi swoją przyjaźń na ciężką próbę. Z drugiej strony nie widział żadnego rozsądnego powodu, dla którego miałby podejmować się roli pośrednika między nierzetelnym wykonawcą a niezadowoloną klientką. To ona sama powinna wyłożyć winowajcy swoje pretensje! Po dłuższych wahaniach odmówił – i stracił przyjaciółkę. Co robić w takich sytuacjach? Ostrożnie uświadomić petentowi całą absurdalność jego prośby, zapewniając równocześnie o naszym najgłębszym oddaniu i pragnieniu zachowania cennej przyjaźni. A gdy i to nie pomoże? Cóż, jeśli ktoś uzależnia przyjaźń od tego rodzaju przysług, to może nie warto zabiegać o przyjaźń z taką osobą?

4. Ciągle się uczą. Wielki malarz francuski, Renoir, zakosztował pod koniec życia nie lada triumfu. Jako jeden z czołowych przedstawicieli impresjonizmu, był w młodości odsądzany od czci i wiary za swoją twórczość; na starość stał się obiektem hołdów, a marszandzi z całego świata ubiegali się o jego płótna. Mimo ciężkiej choroby, Renoir nie przestał malować. Syn wielkiego malarza, Jean Renoir, pisze:

Ciało jego ogarniał postępujący z dnia na dzień paraliż. Powyginane palce nie mogły już nic utrzymać... Skóra stała się tak wrażliwa, że ranił ją dotyk drewnianej rękojeści pędzla. Aby temu zapobiec, wkładał w zagłębienie dłoni kawałek płótna. Trudno powiedzieć, że te powykrzywiane palce trzymały pędzel... pełniły one raczej funkcję uchwytu. I w taki sposób malował swoje „Kąpiące się", płótno, które dziś wisi w Luwrze. Uważał je za swe szczytowe osiągnięcie. Czuł, że ten obraz stanowi sumę jego dotychczasowych poszukiwań, a równocześnie jakąś odskocznię do przyszłych, jeszcze innych dociekań... Na tle uproszczonej do minimum palety barw tego płótna, od miniaturowych „kropelek" koloru, przypadkiem jakby rozsianych po jego powierzchni, tym wspanialej odbijały wszystkie odcienie złota i purpury, ciepły blask ciał pulsujących młodą, zdrową krwią, zalanych magicznym, wszystko przenikającym światłem.

Jean Renoir opowiada dalej o ostatnim dniu swego ojca:

Jakaś infekcja płuc przykuła go do łóżka. Poprosił o farby i pędzle, i zaczął malować anemony, których nazbierała dla niego nasza poczciwa służąca Nénette. Na kilka godzin tak zupełnie pochłonęły go te kwiaty, że zapomniał o swoim cierpieniu. Skończywszy skinął na kogoś, oddał mu pędzel i powiedział: „Zdaje się, że teraz zaczynam coś z tego rozumieć".

„Zdaje się, że teraz zaczynam coś z tego rozumieć" – jakież to typowe dla wielkiego indywidualisty, dla wiecznie poszukającego twórcy. Tacy ludzie niezależnie od wieku zawsze żyją na krawędzi poznania, na skraju nie odkrytych lądów i nowych olśnień.

5. Lubią przestawać z ludźmi pobudzającymi w nich ducha nonkomformizmu. Rzadki to i cenny przywilej mieć wokół siebie ludzi lojalnych, stwarzających nam poczucie bezpieczeństwa, a nade wszystko przestrzeń, w której możemy być sobą. Powinniśmy nie tylko wysoko ich cenić, ale stwarzać im w rewanżu taką samą sferę wolności, z jakiej dzięki nim korzystamy. Mnie spotkało prawdziwe szczęście w osobie żony, która pozwala mi mieć swoje dziwactwa. Oboje krążymy chwilami po całkiem odrębnych orbitach, mamy innych przyjaciół, różne ambicje, ale jakaż to radość spotkać się wieczorem, opowiedzieć sobie o wydarzeniach minionego dnia, który każde z nas przeżyło inaczej, no i być kochanym bez konieczności dokonywania w sobie jakichś korekt czy udawania, że jest się tym, kim się nie jest.

Podobna więź łączy mnie z Markiem Svenssonem, z którym od osiemnastu lat spotykam się co tydzień na lunchu. Na pozór niewiele mamy z sobą wspólnego. Mark, przybysz ze Szwecji, jest ode mnie starszy. Ja pół życia strawiłem na różnych studiach, on nie przywiązywał wagi do edukacji formalnej. On uwielbia operę, ja wcale. A jednak niecierpliwie wyglądam tych naszych spotkań, bo czas pokazał, że w towarzystwie Marka mogę czuć się wolny. On mi to umożliwia.

Gdy ogarnia mnie euforia pisarska, mogę więc porozwodzić się przed nim o książce, nad którą akurat pracuję; kiedy indziej zaczynam wylewać swoje żale na całe zło, które mnie spotyka, na tych ludzi, którzy jakby się sprzysięgli, żeby mnie dobić... Nie wszystkie moje cechy, jak sądzę, wydają się Markowi sympatyczne, mimo to jestem pewien, że z tego powodu nie zerwie on naszej przyjaźni.

Dlaczego? Ano chyba dlatego, że i on ma w sobie wiele z nonkomformisty.

6. Zawsze coś tworzą. Jest to kolejna metoda rozwijania indywidualności, tyle że wymaga wygospodarowania sobie czasu na przedsięwzięcia twórcze. Erik Erikson, znana postać w świecie współczesnej psychologii, będąc już w podeszłym wieku, powoływał się często na tkwiącą w nas potrzebę zwalczania stagnacji za pomocą tego, co nazywał „produktywnością twórczą". Potrzebę tę w pewnej fazie życia jednostki może zaspokoić wydanie na świat, a później wychowanie potomstwa, pozostaje ona jednak nie spełniona, kiedy nie ma dzieci lub kiedy zdążyły nam już wyfrunąć z domu.

Każdy dobry psychoterapeuta gorąco zaleca pacjentom jak najczęstszy kontakt z malarstwem i muzyką, i to nie tylko w roli biernych widzów czy słuchaczy. Przekonuje ich usilnie, że sami powinni malować, rysować, rzeźbić albo śpiewać. Ktoś orzekł kiedyś, że naszemu krajowi najbardziej chyba brakuje kiepskiej muzyki. Chodziło mu o to, że brak nam muzyki domowej, tworzonej przez członków rodziny po prostu dla zabawy – dla czystej uciechy.

7. Zbaczają z utartych szlaków. „Nie trzymajcie się wciąż dróg publicznych – powiedział kiedyś Alexander Graham Bell, wynalazca telefonu. – Zejdźcie na chwilę z bitego traktu i zanurzcie się w głęboki las. Znajdziecie tam z pewnością coś takiego, czego dotąd jeszcze nie zdarzyło wam się oglądać."

John Huston Finley też był indywidualistą, który całkiem dosłownie lubił zbaczać z utartych szlaków. Był ponadto człowiekiem niebywale wszechstronnym. Wykładał w Princeton, przewodniczył radom dwóch college'ów – Knox College i New York City College – pełnił obowiązki komisarza edukacji stanu Nowy Jork i do tego wszystkiego wydawał „New York Timesa". Podziwiano go też powszechnie za jego... piesze wędrówki. Co roku na przykład w dniu swoich urodzin wpinał w klapę kwiat niebieskiego ostu, owijał szyję szalikiem w czerwoną kratę i tak – bez płaszcza i z gołą głową – ruszał rankiem na wycieczkę dookoła Manhattanu, by po zatoczeniu wielkiej pętli dotrzeć do redakcji „Timesa" i podjąć swe codzienne obowiązki. Podobno któregoś dnia przewędrował aż 116 kilometrów! Niejeden raz zdarzało mu się pokonywać również pieszo drogę z Nowego Jorku do Princeton.

8. Lubią przebywać z dziećmi. Dzieciom obcy jest wszelki konformizm; ich krokom – jak powiedział poeta angielski William Wordsworth – „towarzyszą obłoki blasku". Jezus niewątpliwie miał wiele powodów, radząc ludziom, by stali się jak małe dzieci, lecz jednym z nich było z pewnością to, że dzieci niejednokrotnie mogą nam dać dobry przykład. Nauczmy się od nich mniej zwracać uwagę na ludzkie opinie, a postępować za to bardziej spontanicznie. Za każdym razem, gdy Theodore Roosevelt i jego rodzina znaleźli się w swej wiejskiej posiadłości w Sagamore Hill, było tam mnóstwo radości i krzyku. Pewnego dnia Roosevelt zabrał swoich czterech synów na całodzienny piknik. Było bardzo ciepło, niestety, chłopcy nie wzięli na wyprawę kąpielówek, co widząc, ojciec najpierw pozwolił im pobrodzić tak, jak stali, a po chwili i on sam zaczął pływać pośród nich w ubraniu. Gdy ociekająca wodą, rozkrzyczana czereda wpadła do domu, mocząc wszystko po drodze, dał się słyszeć głos pani Roosevelt: „No tak, to prawda, że mam pięciu chłopców".

9. Często umieją znaleźć dla siebie coś szczególnego. Ludzie wierni sobie stwierdzają w pewnym momencie, że udało im się wypracować coś w rodzaju własnego znaku firmowego. Pat Kennedy tak oto wspomina swoją matkę imieniem Rose:

> *Pamiętam, że mama wychodząc wieczorem z tatą, przychodziła pocałować mnie na dobranoc. W pokoju było ciemno, a ona wyłaniała się z tej ciemności jak zjawa, pachnąc oszałamiająco. Fascynował mnie ten zapach, zresztą nie tylko mnie, siostry też za nim przepadały. Kiedyśmy już podrosły, pytałyśmy mamę, co to takiego, ale nam nie powiedziała. Zrobiła to dużo później, mając już 75 lat. Zaczęłyśmy wszystkie od razu używać tych perfum, do dziś to nasz ulubiony zapach, ale gdy tylko zaczęłyśmy jednakowo pachnieć, nasza mama od razu zmieniła perfumy.*

Rose Kennedy żyła tak długo i szczęśliwie między innymi dlatego, że rozumiała Boże zamysły. Bóg nie po to nas stworzył, byśmy roztaczali wokół siebie taki sam zapach, jednakowo postępowali i wyglądali. Każdy z nas jest dziełem wyjątkowym i niepowtarzalnym. Odrzucając sztampę, ciesząc się z własnych drobnych dziwactw, stawiamy ważny krok na drodze ku niezależności i pewności siebie.

Pozwól sobie na trochę ekscentryczności

Dziecka nie stać na prawidłowy obraz samego siebie
– brak mu odpowiedniego aparatu poznawczego
i niezbędnych ku temu doświadczeń – dlatego jedynym
źródłem ocen są dla niego reakcje otoczenia na siebie
i swoje zachowania. Dziecko nie ma wystarczających
powodów do kwestionowania tych ocen, a już w żadnym
razie do sprzeciwiania im się czy buntu
– jest wobec nich bezsilne.

Harry Stack Sullivan[*]

Niezależność od rodziców

U progu kariery artystycznej znaną aktorkę teatralną i filmową Marlo Thomas nękały wątpliwości: Jak ją przyjmie publiczność? Czy widzowie nie zaczną jej porównywać z utalentowanym ojcem – Danny Thomasem? Czy wyda im się równie dobra, równie zabawna? Sam Danny odniósł się do sprawy krótko i bez ceregieli:
– Rasowa z ciebie klacz, córeczko – orzekł od razu – a taki koń czystej krwi biegnie, nie oglądając się na rywali. Sam sobie narzuca tempo.
Marlo zaangażowała się właśnie do letniego teatru objazdowego, gdy któregoś wieczoru tuż przed spektaklem do jej garderoby przyniesiono jakąś paczkę. W środ-

---

[*] Harry Stack Sullivan (1892–1949) – psychiatra amerykański.

ku znajdowała się para końskich osłon na oczy oraz bilecik skreślony ręką ojca: „Rozgrywaj swój bieg, dziecinko".

Mądrym ojcem był ten Danny Thomas! Większość rodziców nie daje dzieciom takiej swobody wyboru, one zaś z powodu skomplikowanych często układów rodzinnych, w których przychodzi im się wychowywać, podlegają później – już jako dorośli ludzie – okresowym przypływom wyrzutów sumienia i dotkliwego poczucia winy. Zdarza się to nieraz w wiele lat po śmierci rodziców. W swojej praktyce stykam się z tym nieustannie i nie mogę się wprost nadziwić niesłychanej żywotności tych tak przecież odległych konfliktów rodzinnych: że też potrafią dręczyć nas nawet zza grobu! Jedna z moich pacjentek, pani po siedemdziesiątce (ma zresztą za sobą bardzo udaną karierę zawodową), zmuszona była poddać się psychoterapii, ponieważ co noc śniła jej się matka, wytykająca dawne nieporozumienia. Matka mojej pacjentki zmarła 51 lat temu!

Dlatego drugi z kolei krok na drodze do niezależności wiąże się z problemem rodziców:

ZAWRZYJ Z RODZICAMI POKÓJ NA OPTYMALNYCH WARUNKACH.

Ulicą biegnie mężczyzna w dresie. Przysiada nagle na krawężniku i wybucha niepohamowanym szlochem. Na szczęście rzecz dzieje się późnym wieczorem w odległości trzech kilometrów od domu, więc sąsiedzi tego nie widzą. Tylko że zdarza się to nie po raz pierwszy. Prawdę mówiąc, zwierza mi się, ilekroć zaaplikuje sobie większą niż zwykle porcję joggingu, już niemal automatycznie reaguje na to płaczem.

Mam przed sobą mężczyznę, któremu wedle powszechnie przyjętych kryteriów wiedzie się nadzwyczajnie. Jest świetnym chirurgiem, który połowę swego czasu poświęca szkoleniu lekarzy specjalizujących się w tej dziedzinie, mieszka w wielkim, stylowo urządzonym dwupiętrowym domu, o oknach z szybkami oprawnymi w ołów, wyposażonym w kilka zabytkowych kominków. Mężczyzna ten jest wysokim, smukłym blondynem żonatym z inteligentną, pełną życia kobietą, z którą ma dwoje dzieci równie ładnych i mądrych, jak ich rodzice.

Już podczas pierwszego spotkania wychodzi na jaw, że mimo tych zewnętrznych atrybutów powodzenia pacjent boryka się z jakimś niezrozumiałym cierpieniem emocjonalnym i że nęka go gwałtowna odraza do samego siebie. Spośród spraw, o które się obwinia, przytoczę jedną, wciąż zresztą powracającą w jego wypowiedziach: niedostatecznie przykładał się do nauki w czasie studiów medycznych, nie wyniósł też z nich tyle korzyści, ile powinien. Dla mnie pretensje te zupełnie nie miały sensu, wiedziałem bowiem, że zaraz po ukończeniu studiów proponowano mu katedrę, żadnym sposobem jednak nie potrafiłem przekonać pacjenta, że jest w błędzie. Z uporem obstawał przy swoim.

Szybko ustaliliśmy z kolegą, że nasz chirurg nie jest człowiekiem chorym psychicznie – nie słyszy żadnych głosów, ani na moment nie traci kontaktu z rzeczywistością, pracuje normalnie, a w swoim środowisku zawodowym zachowuje się nawet z pewną wyższością. Doszliśmy do wniosku, że to tylko jakieś okaleczenie wewnętrzne, którego przyczyną są niemożliwe do przezwyciężenia lęki i zwątpienie we własną wartość. Symptomy tego były nieco jaskrawsze niż w większości podobnych przypadków, skądinąd jednak pan doktor nie różnił się zasadniczo od wielu innych pacjentów. Wszyscy oni na pozór mogli uchodzić za przykład bezdyskusyjnego sukcesu i pewności siebie, ale wystarczyło zajrzeć do wnętrza, by się zdumieć na widok panującego tam zamętu. Sami pacjenci zresztą nieskorzy byli go ujawniać z obawy, że otoczenie odwróciłoby się od nich ze wstrętem.

W odpowiedzi na rutynowe pytania o przeżycia z dzieciństwa, które by mogły wywołać trwały uraz psychiczny, pacjent nie podał nic szczególnego. Jak miałem pomóc takiemu człowiekowi? Podnosić go na duchu, powtarzając w kółko, ile to ma tytułów do dumy i z ilu powodów powinien czuć się zadowolony z siebie? Nic to by nie pomogło. Widziałem przecież, że tkwi w nim jakieś trudne do zdefiniowania źródło zastarzałych emocji, które czasem przelewają się przez niego jak nagłe fale przypływu. Takie emocje nie biorą się znikąd; prawie na pewno związane są z jakimś dawnym przeżyciem bądź wieloma przeżyciami, zbyt bolesnymi, by mogły pozostać w świadomości. Pamięć o nich zanika, emocje trwają.

Poprosiłem pacjenta o więcej szczegółów z dzieciństwa. Znaczący wydał mi się fakt, że prawie nie pamięta okresu sprzed rozwodu rodziców, zapytałem więc o nich. Czy żyją? Czy jest z nimi uczuciowo związany?

– Z mamą bardzo – odpowiedział. – Mieszka w Ohio, więc widuję się z nią raz, dwa razy w roku. Tata jest na miejscu, mieszka sam, ale rzadko się z nim spotykam. Po paru minutach zaczyna mi grać na nerwach. Kocham go mimo to, oczywiście – dodał pospiesznie. – To przecież mój ojciec.

Kiedy tylko poruszyliśmy ten temat, u mego rozmówcy dały się zauważyć lekkie oznaki skrępowania; mówiąc o ojcu, odwrócił oczy. Mógł to być właściwy trop. W następnym tygodniu powróciliśmy do rozmowy na temat jego dzieciństwa i od razu trafiliśmy w beczkę dziegciu.

Okazało się mianowicie, że ojciec naszego chirurga nie był wcale personą tak godną miłości, za jaką pragnął uważać go syn. Człowiek ten był autentycznym psychopatą, przez co dzieciństwo jego syna, a mego pacjenta, stało się wielką, rozpaczliwą walką o zachowanie własnych zdrowych zmysłów. Do czasu rozwodu ojciec trafiał do szpitala psychiatrycznego, to znów z niego wychodził – po to tylko, by okresowo upijać się na umór, no i regularnie bić rodzinę niezależnie od tego, czy był pijany, czy trzeźwy.

Prawie wszystkie wspomnienia tych przeżyć zostały stłumione przez pacjenta, gdy jednak odprężył się w czasie terapii, zaczęły one wypływać na powierzchnię. Przypomniał sobie z okrutną wyrazistością, ile to razy przysłuchiwał się wieczorami zza ściany, jak oszalały ojciec katuje matkę.

– Leżałem w łóżku – opowiadał – wzywając go myślą: Przyjdź tu, bij mnie, bij mnie jeszcze, ja to mogę wytrzymać, ona nie!

Bywają schizofrenicy, którzy mimo pewnych zaburzeń pozostają łagodni i kochający, ale tego nieszczęśnika choroba całkowicie strąciła w przepaść szaleństwa. Był typowym paranoikiem – złośliwym i okrutnym – który swoje straszliwe emocje wyładowywał na kobiecie i dwóch małych, bezbronnych chłopcach.

Młodszy brat owego chirurga w końcu się załamał; dziś, jako człowiek dorosły, częściej przebywa w szpitalu psychiatrycznym niż w domu. Nikt nie potrafi powiedzieć, dlaczego jedno dziecko potrafi wytrzymać takie piekło, a drugie nie, w każdym razie memu pacjentowi jakoś się to udało. Starał się w miarę możności jak najczęściej być poza domem, opuścił go też przy pierwszej nadarzającej się sposobności. Okazało się na szczęście, że ma nie tylko wielką smykałkę do nauki, ale i rzadką zdolność obywania się bez snu. Nocami ślęczał nad książkami, i w taki to sposób – dosłownie od zera – wydźwignął się do swej dzisiejszej pozycji.

Teraz obu nam łatwiej już było zrozumieć, dlaczego podczas pierwszych bytności w moim gabinecie wciąż prześladowała go myśl: „Coś ze mną jest nie w porządku, zły ze mnie człowiek". Wiedzieliśmy już to i owo o przyczynach wewnętrznego strumienia obelg i samoodrazy, który tak gwałtownym nurtem wylewał się z mego pacjenta mimo jego widocznych sukcesów życiowych. Stało się oczywiste, od kogo nauczył się mówić o sobie z takim wstydem, nie akceptować siebie, traktować się jak wybrakowany towar. Jedyne, co mogło dziwić, to pytanie: jakim cudem tak świetnie funkcjonował w świecie zewnętrznym?

A dlaczego uznawał za prawdę wszystko, co komunikował mu cjciec? Dlaczego nie uświadomił sobie, że to szaleniec, więc jego napaści nie mają żadnego uzasadnienia? Wymagać od dziecka, żeby umiało oddzielić prawdę od kłamstw w wypowiedziach własnych rodziców, to żądać rzeczy niemożliwej. Małe dziecko nie odróżnia rzeczywistości od fikcji; ono ufa tym, którzy je karmią, kąpią i przychodzą utulić do snu, gdy taki malutki człowieczek budzi się z płaczem w ciemności. Na to, żeby powiedzieć: „Ojciec jest chory, więc nie będę przejmował się jego gadaniem", trzeba podrosnąć o dobrych kilka lat. Gdyby dziecko musiało wypowiedzieć słowa: „Mój ojciec to wariat", chyba zwariowałoby samo. Łatwiej mu dojść do wniosku: „Coś ze mną jest nie w porządku, wszystko robię źle, nic nie umiem". Oceny te wnikają na trwałe w system przekonań dziecka, raniąc przy okazji jego uczucia, i to tak okrutnie, że cała sprawa zostaje zepchnięta gdzieś do podświadomości. Tak było właśnie z moim pacjentem; jego wspomnienia związane z dużymi fragmentami dzieciństwa zostały kompletnie zablokowane.

Co innego uczucia – te nie dają się tak skutecznie stłumić. Utajone na co dzień w tej specyficznej przechowalni, którą jest podświadomość, od czasu do czasu wyskakują na powierzchnię. U mego pacjenta działo się to w chwilach, gdy po pokonaniu w bardzo ostrym tempie pięciu kilometrów zaczynał ciężko dyszeć. A skutek? Oto podziwiany przez wszystkich człowiek sukcesu siadał na krawężniku i zaczynał płakać.

Tak się złożyło, że opowieść ta ma szczęśliwe zakończenie. W ciągu prowadzonej terapii ów wspaniały chirurg miał czas nie tylko przyjrzeć się dokładnie temu, co stanowiło treść jego tłumionych wspomnień, ale też przetrawić te doświadczenia i ostatecznie odsiać nieaktualne sądy i przekonania wyniesione z nieszczęśliwego dzieciństwa. W miarę jak się to działo, także i te tłumione emocje traciły nad nim swoją władzę. Dziś nie potrzebuje już pomocy psychoterapeuty, a fale wątpienia we własną wartość nachodzą go naprawdę rzadko.

Jaki wniosek płynie z tej historii? Wyniesione z dzieciństwa wewnętrzne poczucie braku wartości może prześladować nas bardzo długo; może utrzymywać się nawet i wtedy, gdy już dowiedliśmy wszystkim dookoła swojej wartości. Jak to mówi poeta T. S. Eliot, jesteśmy „zlepkiem przestarzałych odruchów". Zrozumienie własnej przeszłości ma więc głęboki sens; pozwala m. in. zbadać prawidłowość kryteriów samooceny wszczepionych nam w latach dzieciństwa i wczesnej młodości.

Niektórzy po zapoznaniu się z opisanym przykładem mogą zaprotestować: „Nie chcę wracać do przeszłości. Po co mam otwierać tę puszkę Pandory? I co dobrego przyjdzie mi ze zwalania wszystkiego na rodziców?" Pytanie to – skądinąd słuszne – doskonale odbija utrwalony w świadomości społecznej dość powszechny krytycyzm wobec metod psychoterapeutycznych. Mogę powiedzieć na to tylko tyle: Większość psychoterapeutów nie po to grzebie się w przeszłości swoich pacjentów, aby winą za ich problemy obarczać kogoś innego. Zresztą i większość rodziców, pomijając przypadki patologiczne, postępuje zgodnie ze swą najlepszą wiedzą. Nikt też nie powinien oglądać się za siebie w celu znalezienia kozła ofiarnego, na którego można by zrzucić odpowiedzialność za własne problemy. Intencja tego spojrzenia w przeszłość ma być zupełnie inna: chodzi wyłącznie o to, aby dokonać zmian w dotychczasowych postawach i postępowaniu. Bo tylko ze zrozumienia wydarzeń, które doprowadziły nas do dzisiejszej sytuacji, wynikają środki zaradcze. Takie postępowanie niekoniecznie musi rozwiązać od razu sam problem, z pewnością jednak będzie pierwszym skutecznym krokiem w tym kierunku.

Wybacz rodzicom

Krok następny to wybaczenie rodzicom winy za nasz zły start życiowy – jeśli oczywiście dotąd tak myśleliśmy. Oczywiście byłoby czystym szaleństwem gniewać się do końca życia na rodziców, świadomie czy podświadomie. W odpowiednim momencie trzeba koniecznie położyć temu kres, bowiem pielęgnowana wewnętrzna złość zatruwa psychikę człowieka, działając destrukcyjnie na wszystkie jego związki uczuciowe. Aby tego uniknąć, można sobie powiedzieć tak: *Rodzice nie mieli racji, przypisując mi te oto złe cechy, dlatego dokonuję teraz korekty kryteriów, które stosowano wobec mnie w dzieciństwie, ale nie mam najmniejszego zamiaru do końca życia nosić w sobie urazy w stosunku do kogokolwiek.*

Zdarza się, że kogoś, kto dał już spokój resentymentom i zdołał wybaczyć ludziom, którzy oceniali go niesłusznie, zaczynają dręczyć wątpliwości: „No, teraz mam spokój, ale martwię się, że to chwilowa ulga. Boję się, że znów ogarnie mnie gniew."

Cóż, istnieje taka możliwość – czyż zarówno wszelkie związki uczuciowe, jak i najgłębsze emocje nie podlegają ciągłym fluktuacjom? A jeśli nawet powróci niechęć: czy oznacza to, że akt wybaczenia jest nieważny? Nie, w żadnym razie! Przypuszczam, że Jezus, mówiąc nam, byśmy wybaczali siedmiokroć po siedem razy, miał na myśli właśnie taką sytuację. Nie da się pojedynczym aktem woli zmienić emocji raz na zawsze. To jest zawsze długotrwały proces. Będziemy więc w praktyce wybaczać raz, drugi, dziesiąty i kolejny – szlifując w ten sposób nasze uczucia.

Trzeba tu uczynić pewne zastrzeżenie. Decyzja o wybaczeniu rodzicom tego, czym według nas zawinili, nie oznacza wcale, że będziemy musieli ich teraz polubić czy też spędzać z nimi dużo czasu. Nie. Oznacza to tylko jedno: że im wybaczamy.

Znakomita większość ludzi nie ma za sobą aż tak trudnego dzieciństwa, jak opisane powyżej; przeciętny dorosły nosi w sobie najczęściej mieszaninę miłości i niechęci wobec rodzeństwa i rodziców. Powiedzmy, że miało się starszego brata, obiekt dziecięcego uwielbienia, dla którego zrobiłoby się wszystko, byle pozyskać jego względy, tymczasem każdy wysiłek podejmowany w celu dorównania temu idolowi kwitowany był drwiną. Cóż dziwnego, że ów młodszy brat czuje się wobec starszego także i dziś kimś gorszym? Ci, którzy kochają rodziców, z utęsknieniem wyczekując kolejnego spotkania, często przeżywają zawód: wizyty w domu rodzinnym nigdy jakoś nie spełniają ich oczekiwań, co gorsza, dorośli, samodzielni życiowo ludzie zaczynają w towarzystwie ojca i matki czuć się znów jak niewypierzone żółtodzioby. Tego rodzaju ambiwalentnych uczuć rodzinnych doświadcza chyba każdy człowiek.

Pogódź się z faktami

Czasami nawet największe, wielokrotnie ponawiane wysiłki nie przynoszą skutku – nie znajdujemy u rodziców i rodzeństwa zrozumienia. Dlaczego? Nasi krewni są może zbyt przytłoczeni własnymi kłopotami, za bardzo czymś zirytowani, zanadto egoistyczni, za bardzo lubią manipulować ludźmi, a może są po prostu niezdolni do takiej miłości, jaka nam się marzy.

Do tego właśnie wniosku doszedł cytowany już chirurg. Dwukrotnie w czasie terapii odwiedził ojca, próbując znaleźć jakiś punkt zaczepienia do zadzierzgnięcia z nim bliższej więzi. Obie próby zakończyły się niepowodzeniem.

– Przykro o tym mówić – zwierzył mi się – ale jedno przynajmniej jest już teraz jasne: po tym człowieku nie ma się czego spodziewać. No i dobrze, więcej próbować nie będę – oczy mu zwilgotniały, na chwilę umilkł, po czym zakończył: – Nie będę więcej zabiegał o miłość tego człowieka, ale też już nie muszę wystawiać się na jego kopniaki.

Pojednanie

Bywa przecież i tak, że dopiero jako ludzie w pełni dojrzali dokonujemy wielkiej, pozytywnej zmiany w stosunkach z własnymi rodzicami. Coś takiego stało się udziałem dr. Harolda H. Bloomfielda, gdy jego ojciec zachorował na raka, a lekarze orzekli, że to ostatnie stadium choroby. Przez wiele lat dzieliła go od rodziców odległość 5 000 kilometrów i choć podczas swych bytności w Nowym Jorku wpadał czasem do nich na godzinkę lub dwie, były to wizyty ograniczone do niezbędnego minimum.

Tylko trzymając na wodzy swoje bardzo sprzeczne uczucia – napisał – udawało mi się nie ulec pokusie wywołania kłótni podczas tych naszych dość wymuszonych konwersacji. Nie lubiłem ojca za to, że zawsze robił z siebie męczennika i tak zażarcie kłócił się o wszystko z matką; wolałem trzymać się od niego z daleka.

Kiedy jednak wszedł do salki szpitalnej i zobaczył wynędzniałego człowieka o pożółkłej skórze, któremu ubyło prawie 14 kilogramów, wszystko się zmieniło. W parę dni później powiedział ojcu:

– Tatusiu, wierz mi, twoja choroba głęboko mnie poruszyła. Przemyślałem swoje postępowanie, tę swoją

116

chłodną rezerwę... Zrozumiałem teraz, jak bardzo cię kocham. – Pochyliłem się nad nim, chcąc go uścisnąć i poczułem, jak tężeją mu ramiona. – Daj spokój, tato, ja naprawdę chcę cię uściskać.

Przez jego twarz przemknął wyraz szoku. Okazywanie uczuć nie leżało w naszych zwyczajach. Gdy sprężył się na mój dotyk, poczułem, że wzbiera we mnie fala niechęci, na końcu języka miałem już słowa: Mnie to niepotrzebne. Jeśli chcesz mnie traktować z tym samym chłodem, co zwykle, proszę cię bardzo, twoja wola! Przez tyle, tyle lat, kiedy to odrzucał każdą moją próbę zbliżenia, przywykłem mówić sobie: No i widzisz, jemu na tym nie zależy! Teraz nagle uświadomiłem sobie, że to nie tylko ojcu powinno zależeć na tym uścisku, że mnie potrzebny on jest bodaj tak samo jak jemu.

Przysunąłem się bliżej, położyłem jego ramiona na swoje barki, mówiąc:

– Uściśnij mnie! O tak! No jeszcze raz. Świetnie!

Można powiedzieć, iż uczyłem go tych uścisków, ale w chwili gdy poczułem na sobie jego ręce, stało się coś dziwnego: nieśmiało wkradło się między nas uczucie. Jakby ktoś potrącił strunę miłości.

To ja, ja byłem tym pierwszym i cieszę się, że uściskaliśmy się z ojcem, zanim on zmarł. Nie mam o to do niego żalu. Musiał przecież dokonać czegoś bardzo trudnego: zmiany utrwalonych przez całe życie nawyków – a to wymagało czasu. Widziałem tam w szpitalu, jak pomału je przezwycięża, jak obaj zmierzamy ku lepszemu, jak odnosimy się do siebie coraz czulej i coraz troskliwiej. Gdzieś w okolicach dwusetnego uścisku mój ojciec po raz pierwszy w życiu spontanicznie i głośno wypowiedział słowa „kocham cię".

(Ojciec doktora Bloomfielda, któremu dawano niecałe sześć miesięcy życia, przeżył w dobrym zdrowiu jeszcze cztery lata.)

Te cztery lata pokoju z rodzicami zaważyły na moim życiu, wywołując w nim ogromną zmianę. Przez ów nowo powstały w mym umyśle kształt miłości i przywiązania udało mi się wyzwolić od tłumionych lęków, a także otrzymać i dać wzajemnie więcej uczucia w małżeństwie. Zyskałem też spokój wewnętrzny.

Takie pełne, tyle spokoju niosące pojednanie z najważniejszymi dla nas osobami nie zdarza się niestety zbyt często, lecz gdy się już zdarzy, jest czymś prawdziwie cudownym.

Zawrzyj z rodzicami pokój na optymalnych warunkach

POKONYWANIE POSTAW NIE SPRZYJAJĄCYCH PEWNOŚCI SIEBIE

Część czwarta

Tak słowem, jak i przykładem nauczono George'a uważać własne ciało za instrument, który trzeba ujarzmić i nagiąć do wykonywania rozkazów.

H. A. Williams[*]

Nieporozumienia
wokół ludzkiego ciała

W poglądach na temat ludzkiego ciała mamy do czynienia z ogromnym pomieszaniem pojęć. Dezorientacja w tej sprawie, właściwa większości ludzi dorosłych, oznacza równocześnie błędną ocenę samych siebie. Wyraźny zamęt widać przede wszystkim w tym, co dotyczy wyglądu naszej cielesnej powłoki. W roku 1985 czasopismo „Psychology Today" przeprowadziło szeroki, obejmujący 30 tysięcy osób sondaż poglądów związanych z obrazem ciała. Projekt tych badań opracował psycholog Thomas F. Cash przy udziale całego zespołu naukowców. Dokonali oni z tej okazji interesujących porównań z wynikami analogicznego sondażu sprzed lat trzynastu. I tak na przykład

---

[*] Harold Anthony Williams (ur. 1916) – amerykański wydawca prasowy.

w roku 1972 ogólnie niezadowolonych ze swego wyglądu było 15 procent mężczyzn i 25 procent kobiet. Niezadowolenie to dotyczyło głównie wagi. Mniej ważyć pragnęło 41 procent panów; 55 procent wybitnie przystojnych pań uważało się za otyłe. Żyjemy w epoce obsesyjnych wysiłków zmierzających do osiągnięcia jak najlepszej sylwetki, jak najpiękniejszej twarzy, a jednak wyraźnie coraz mniej się sobie podobamy.

Mówiąc generalnie, uważamy się za zdecydowanie mniej atrakcyjnych fizycznie, niżby to wynikało z tak zwanych obiektywnych faktów. Od dawna wiadomo, że osoby cierpiące na takie zaburzenia, jak bulimia i anoreksja, mają wypaczone pojęcia o własnym wyglądzie, teraz jednak okazało się na dodatek, że i kobiety zupełnie zdrowe demonstrują podobnie fałszywą percepcję. Pokazują to badania J. Kevina Thompsona, obejmujące grupę ponad stu kobiet. Ciekawe, że więcej niż 95 procent tych pań wyolbrzymiało swoje rozmiary – przeciętnie o jedną czwartą. Gdy je poproszono, aby za pomocą czterech punktów świetlnych oznaczyły na specjalnej tablicy szerokość swoich kości policzkowych, talii, ud, bioder, prowadzący eksperyment stwierdzili, że dwie spośród pięciu badanych szacowało co najmniej jedną część ciała jako większą, i to aż o 50 procent.

Najważniejsze bodaj odkrycie dr. Casha brzmi następująco:

Istnieje bardzo niewielki związek między faktyczną atrakcyjnością danej osoby a jej własnym poczuciem atrakcyjności; dotyczy to zwłaszcza kobiet. Kobieta z pozoru zupełnie nieatrakcyjna może być całkowicie zadowolona ze swego ciała, podczas gdy inna, wyjątkowo dla odmiany atrakcyjna, potrafi tak obsesyjnie przejmować się drobną skazą na urodzie, że czuje się osobą brzydką.

Co ważniejsze: powierzchowność czy wnętrze?

Wiele osób nie ma również jasności co do tego, jakie uczucia powinny żywić względem własnego ciała. Wynika to niedwuznacznie m.in. z następującej wypowiedzi 36--letniej kobiety: „Zawsze miałam świadomość swojej atrakcyjności, i to chyba ułatwiało mi życie, choć równocześnie nie mogłam się pozbyć lekkich wyrzutów sumienia, że czuję się dumna z własnego wyglądu".

Takie poczucie winy ukształtować się może pod wpływem obiegowego frazesu, który słyszymy wciąż z ust różnych ludzi: „Ależ kochanie, ważne jest nie to, co widać, ale to, co masz w sobie". Trzeba tu podkreślić silny wpływ wielu myślicieli chrześcijańskich, którzy stanowczo twierdzą, że wygląd zewnętrzny w ogóle się nie liczy, że trzeba go lekceważyć, jeżeli już nie wręcz zwalczać.

W tej kwestii zawód sprawia nawet autor o tak słusznych zwykle poglądach, jak C. S. Lewis, mówiąc: „Fakt, że posiadamy ciała, jest najstarszym ze wszystkich żartów". Pomstując na „neopogan (...) nudystów i te ofiary ciemnych bóstw, dla których ciało to coś wspaniałego", Lewis opowiada się za poglądem świętego Franciszka, który własne ciało nazywał „bratem osłem" i tak też je traktował:

Osioł! To wyborne. Wszak nikt przy zdrowych zmysłach nie będzie oddawał czci kłapouchowi ani go nienawidził. Osioł to pożyteczne, silne, leniwe, uparte i cierpliwe zwierzę, które jednako budzi sympatię i doprowadza do szału, zasługuje tak na kij, jak na marchewkę, jest zarazem żałosne i absurdalnie piękne. Tak samo i ciało. I nie ma z nim życia, póki człowiek sobie nie uświadomi, że przecież jedną z funkcji ciała jest odgrywanie roli błazna.

Pogląd to poniekąd usprawiedliwiony: bowiem niektórzy istotnie nazbyt wysoko stawiają sprawy swego ciała, nie bacząc na to, że żyć będą dłużej niż ono – nawet i wtedy, gdy ich doczesne szczątki ulegną już rozkładowi. To prawda, jednak Bóg stworzył nas jako istoty cielesne, dlatego nikt na tym świecie nie może żyć pełnią życia, jeśli traktuje swą cielesną powłokę jako twór sprzeczny z logiką.

Integralność ciała i ducha

Każdy człowiek przejawia silną skłonność do identyfikowania się z własnym ciałem. W świetnej, choć mało znanej książce *True Resurrection* (Prawdziwe zmartwychwstanie) H. A. Williams dowodzi potrzeby przezwyciężenia dualizmu ciała i ducha. Znaczenie zmartwychwstania polega dla niego m.in. na tym, że w owym momencie „duch i nowe ciało przestają walczyć z sobą o pierwszeństwo, lecz zaczynają współistnieć, w równym stopniu składając się na pojęcie «ja»". Obecne ciało to nie cały człowiek; nadejdzie taki czas, gdy zaczniemy istnieć na wieki w nowych ciałach. Bóg uczynił z nas istoty fizyczne, a to oznacza, że moje ciało też jest mną, nie zaś maszyną daną mi do użytku. Aby przezwyciężyć główną przeszkodę w budowaniu pewności siebie:

ZINTEGRUJ SWOJE CIAŁO I DUCHA.

Aby tego dokonać, należy:

1. Zachować rozsądną perspektywę wobec własnych braków. Chodzi tu m. in. o niepopadanie w obsesję na punkcie takich czy owakich skaz cielesnych. Dziennikarka Cynthia Gorney tak opisuje swoje kłopoty ze zbyt tęgimi udami:

Nie przejmowałam się nimi gdzieś do lat trzynastu, no, ale gdy mi się nagle rozrosły, poczułam się zdruzgotana! Wtedy oczywiście nabrało to dla mnie niesamowitego znaczenia – zrobiłabym wszystko, byle się ich pozbyć. Niestety, uda przyniosłam z sobą na świat, były zapisane w moich genach – paskudne dziedzictwo po jakiejś ciężko pracującej chłopce, która wszak nie miała pojęcia, jak będę ich nienawidzić!

A oto, jak się dowiedziałam, że to cecha rodzinna: Było lato, rzecz działa się na basenie kąpielowym. Siedziałam okutana w aksamitny szlafrok, mierząc wzrokiem odległość między leżakiem a brzegiem basenu. Obliczyłam, że jeśli tylko zrzucę szlafrok we właściwym momencie, to uda mi się wskoczyć do wody tak, że mnie nikt nie zobaczy. Zrzuciłam ten szlafrok i poderwałam się do biegu.

– Ojejku! – wykrzyknęła moja ciotka, osoba czarująca, szkoda tylko, że obdarzona głosem zdolnym zbudzić umarłego – ona to ma rodzinne uda!

Jestem osobą o ładnej twarzy. Mam niebieskie oczy, całkiem przyzwoite włosy, nie za dużo pryszczy i bardzo długie rzęsy, które jak mi wiadomo, tu i ówdzie budzą nawet lekką zawiść. No i co z tego? Mogłabym mieć twarz miss świata, ale i to by się nie liczyło. Jedyną rzeczą, która się dla mnie liczy, gdy staję nago przed lustrem, są moje niewyobrażalnie wielkie, okropne, bryłowate uda.

Tego rodzaju obsesje na tle niedoskonałości fizycznych są zjawiskiem bardzo pospolitym. Aktorka Lauren Hutton narzeka na swój nierówny nos, piosenkarka Linda Ronstadt uważa, że „okropnie wychodzi na zdjęciach", aktorka Suzanne Somers zamartwia się swoimi chudymi nogami, Kristy McNichols, również aktorka, twierdzi, że ma za grube wargi, a Jayne Kennedy, będąc młodą dziewczyną, cierpiała z powodu swego rzekomo zbyt wysokiego wzrostu.

W wypadku rzeczywistych wad fizycznych możliwe są dwa wyjścia: odpowiedzieć sobie na pytanie, czy da się coś na to poradzić, a gdy odpowiedź wypadnie twierdząco, przystąpić do działania; jeśli zaś w grę nie wchodzi żadna korekta (jak np. przy zbyt wysokim wzroście), należy po prostu zdjąć ten punkt z wokandy i zająć się sprawami ważniejszymi.

Co się tyczy ćwiczeń fizycznych – jeśli rokują pożądany skutek – należy je oczywiście uprawiać bez ograniczeń. Operacje plastyczne? Można zaryzykować – w rozsądnych granicach, należy jednak brać tu pod uwagę opinie samych chirurgów. Stwierdzają oni na podstawie wielu przypadków, że u osób, które zdecydowały się, powiedzmy, na prostowanie nosa, nawet po stuprocentowo udanej operacji nie następuje wcale poprawa samopoczucia. Obsesja przenosi się teraz na jakiś inny szczegół anatomiczny, wywołując pragnienie kolejnej korekty.

Obsesja na punkcie poszczególnych części ciała bywa często nie tyle przyczyną, co skutkiem. Jest ona symptomem ogólnie niskiego mniemania o sobie, jak również notorycznego bombardowania samego siebie treściami negatywnymi.

2. Unikać niepotrzebnych porównań. Trudności z prawidłowym obrazem ciała biorą się przynajmniej po części z porównań. Nieustannie zestawiamy się przecież z ludźmi podziwianymi lub odwrotnie – krytykowanymi. Przytoczę tu myśl pewnej pani: „Z chwilą gdy na wadze stuknie ponad osiemdziesiąt kilogramów, miodem na serce zaczyna być widok kobiety jeszcze grubszej". Ten nawyk „przymierzania się" do innych jest rzeczą wysoce niebezpieczną, zwłaszcza kiedy obiektami porównań stają się doskonałe okazy filmowej urody na ekranie telewizyjnym.

126

W tłumie zwykłych ludzi, powiedzmy, na dworcu lotniczym, sprawa wygląda przecież inaczej: tu dopiero widać, jak mało osób przypomina postacie z reklam środków upiększających. Można się raczej zdziwić, że tyle wśród nas twarzy pospolitych.

Pismo Święte z całym naciskiem podkreśla wartość naszych ciał – są one dziełem Boga, my zaś mamy obowiązek mądrze z nich korzystać. Wygląd zewnętrzny ciała znaczy o wiele mniej niż to, jaki z niego robimy użytek. Gdy Samuelowi polecono dokonać wyboru króla spośród synów Jessego, rzekł do niego Pan: „Nie zważaj ani na jego wygląd, ani na wysoki wzrost (...) nie tak bowiem człowiek widzi jak widzi Bóg, bo człowiek patrzy na to, co widoczne dla oczu, Pan natomiast patrzy na serce" (1 Sm 16,7).

Pewna moja wybitnie przystojna znajoma, Gail Mac-Donald (żona pisarza Gordona MacDonalda), komentując jakąś reklamę prasową, w której głównym akcentem była modelka z „budzącą zazdrość burzą blond włosów", zauważyła: „Reklama ta sugeruje, że piękno zależy od buteleczki jakiegoś płynu do włosów. Któraż kobieta nie pragnie urody przyciągającej ludzkie spojrzenia i podziw?"

Gail MacDonald nie uważa się wcale za idealną piękność.

Powiem szczerze: nie zawsze postrzegałam siebie w sposób prawidłowy. Dobrze pamiętam, jak to nawiedzały mnie fale frustracji w okresie nie kończącej się batalii z trądzikiem! A jak wstydziłam się swojego paskudnego nosa (za taki go uważałam) tudzież przedniego zęba, który aż prosił się o korekcję, ale jakoś się jej nie doczekał. Przez tę swoją nadwrażliwość czułam się czasami strasznie niepewnie w większym towarzystwie. Byłam święcie przekonana, że wszyscy widzą tylko moje defekty – ten nos i ten ząb.
Niełatwo mi to było przezwyciężyć, nie stało się to też z dnia na dzień, ale dopiero wtedy, gdy jako chrześci-

janka zrozumiałam, że bardziej mogę zjednać sobie
ludzi przez swe wartości duchowe aniżeli kształt nosa.
Często rozważałam słowa świętego Pawła (który też
pewnie nie odznaczał się nadzwyczajnym wyglądem):
„Wszystko mogę w Tym, który mnie umacnia".
Poskutkowało! Tak, był to długi proces, ale uwieńczo-
ny powodzeniem. Doszłam wreszcie do przekonania,
że naprawdę jestem dzieckiem Boga (...) i mój „wize-
runek własny" zmienił się radykalnie. Nadal uważam,
że mam za duży nos, nieraz muszę przypudrować jakiś
wyprysk, a i ząb wciąż mi trochę zachodzi na sąsiedni,
ale co tam, mało się tym przejmuję. Staram się o pięk-
no, które płynie z innego źródła (...) W rozwoju ducho-
wym kobiety następuje ogromny przełom, kiedy uwie-
rzy ona, że być użyteczną to więcej, niż zwracać na
siebie uwagę.

3. Pielęgnować zmysły. Powinniśmy tu przyjąć postawę pośrednią między hedonizmem, który stoi na gruncie
folgowania wszelkim cielesnym odruchom, i ascezą, która
głosi, że poprzez umartwianie ciała wznosimy się na wyższy poziom rozwoju. Ciało jest częścią mnie, a jego przy-
rodzone niedoskonałości są niczym w porównaniu z dob-
rem, którego możemy również za jego pośrednictwem
doświadczać.

Pożytki te w wielkiej mierze zależą jednak od nas
samych. Sami bowiem decydujemy o tym, jak dalece świadomie odbieramy wrażenia zmysłowe, które nieprzerwa-
nym potokiem płyną do nas z zewnątrz. Im bardziej świadomie je odbieramy, tym bardziej zaczynamy cenić rolę
ciała, tego cudownie czułego systemu odbiorczego,
przechwytującego różnorakie bodźce zewnętrzne.

W szekspirowskiej komedii *Jak wam się podoba*
Książę zostaje nagle wygnany, pozbawiony pałacowych
wygód i wraz ze swą wierną drużyną zmuszony jest za-

mieszkać w lesie, gdzie doświadcza głodu i chłodu. Mimo to mówi:

> *Tu z Adamowej uczuwamy kary*
> *Tylko pór zmianę, lecz gdy wiatr zimowy*
> *Szczypie nam ciało lodowatym tchnieniem,*
> *Skostniały cały, z uśmiechem powtarzam:*
> *To nie pochlebstwo, szczery to przyjaciel,*
> *Który dobitnie mówi mi, czym jestem.*

(Przekł. Leon Ulrich)

Książę ma słuszność: jest coś wspaniałego nawet w tak elementarnych wrażeniach, jak odczuwanie zimna, które to doznania „mówią nam dobitnie", że istniejemy, że powinniśmy być otwarci na każde dobro, które może do nas dotrzeć za pośrednictwem zmysłów.

May Fenn opowiada o następującym wydarzeniu, które mocno utkwiło jej w pamięci: Działo się to podczas konkursu czytania tekstów pisanych alfabetem Braille'a (dla niewidomych), odbywającego się w obecności brytyjskiej królowej matki. Uwagę May Fenn zwróciła mała blondyneczka z bukietem przeznaczonym dla królowej Elżbiety. Dziewczynka delikatnie przebiegła palcami po każdym kwiecie z osobna, a później dopiero zaczęła delektować się ich wonią. Po wręczeniu bukietu, May ukradkiem zerknęła na dostojnego gościa i oto, co zobaczyła: królowa miała zamknięte oczy, a jej palce błądziły po kwiatowych główkach. I ona także za przykładem niewidomej dziewczynki próbowała doznać wrażenia piękna za pośrednictwem dotyku.

4. Obdarzać miłością cielesną. Im więcej z siebie dajemy, tym wyżej skłonni jesteśmy się cenić. Zasada ta w równym stopniu dotyczy ciała człowieka, jak i pozostałej jego reszty. Większą część tego, czego ludzie dowiadują się od nas o sobie, przekazujemy im przez kontakt fizyczny. Już pierwsze ślady autopercepcji u niemowlęcia powstają – częściowo przynajmniej – na podstawie tego, jak opiekunowie obchodzą się z jego ciałem. Emocje rodziców związane z ciałem dziecka odbijają się także w ich reakcjach na widok siniaka czy skaleczenia.

Później ten kontakt cielesny często ustaje zupełnie, generalnie zaś, w miarę jak dziecko podrasta, rodzice ograniczają częstotliwość pieszczot i czułych dotknięć, co zwykle odbierane jest jednoznacznie: Aha, widocznie moje ciało zrobiło się teraz nieładne! Wciąż mam do czynienia z nastolatkami, którym muszę tłumaczyć, dlaczego ojcowie przestali je przytulać i ściskać, od czasu gdy wyrosły im piersi.

W życiu późniejszym większość tych informacji o sobie otrzymujemy od swych partnerów uczuciowych; nic chyba nie daje człowiekowi większej satysfakcji z siebie niż chwile, w których za sprawą obopólnych pragnień dochodzi do ostatecznego zespolenia z ukochaną osobą. Udane życie seksualne musi być jednak czymś więcej niż tylko wypoczynkiem i rozrywką. Powinno ono stać się ważnym środkiem porozumienia między kobietą i mężczyzną. A jak brzmi to, co kochająca para małżeńska nawzajem komunikuje sobie w łóżku? „Podziwiam i cenię twoją osobę".

Skoro takie jest znaczenie seksu, co dzieje się z ludźmi samotnymi, a zwłaszcza niesprawnymi seksualnie? Odpowiem na to krótko: niewydolność w sprawach seksu nie musi wcale oznaczać, że osoba taka nie może być obiektem i źródłem afirmacji. Dziennikarka Ann Landers opublikowała kiedyś przejmujący list pewnego mężczyzny, w którym autor wyrażał obawę, że z powodu stanu zdrowia uniemożliwiającego mu dopełnienie aktu seksualnego straci ukochaną kobietę. W odpowiedzi na to autorka artykułu otrzymała następujący komentarz od pewnej czytelniczki z Oregonu:

Pani korespondent jest kompletnym ignorantem w tym, co dzieje się w sercu i umyśle kobiety. Niech Pani zapyta sto kobiet, co myślą o stosunku seksualnym. Jestem gotowa się założyć, że dziewięćdziesiąt osiem spośród tych stu odpowie tak: „Wystarczy, że mnie obejmie i będzie dla mnie czuły, o resztę mniejsza". Nie wierzy Pani? To niech Pani przeprowadzi taką sondę! Ludzie zwierzą się Pani z takich rzeczy, jakich nie wyznaliby nikomu.

„Ma Pani rację" – odpisała jej Ann Landers, po czym poprosiła swoje czytelniczki o odpowiedź na pytanie sformułowane następująco: Czy gdyby mąż cię przytulał i czule traktował na co dzień, obeszłabyś się bez współżycia? Odpowiedz „tak" lub „nie", dodając w zależności od wieku: „jestem przed czterdziestką" lub „jestem osobą po czterdziestce".

Nie minęły cztery dni, a osoby przyjmujące pocztę zaczęły pracować również po godzinach oraz w weekendy, ponieważ Ann Landers poruszyła niesłychanie ważny temat. Napłynęło ponad sto tysięcy odpowiedzi! A rezultat? 72 procent respondentek odpowiedziało „tak". 40 procent spośród wspomnianych 72 było poniżej czterdziestki. Najwidoczniej rewolucja seksualna niewiele dobrego dała przeciętnej kobiecie, skoro wyznaje ona: „Chcę być ceniona, chcę czuć, że ktoś się o mnie troszczy". Widać czułe słowa i takież gesty satysfakcjonują współczesną kobietę bardziej, niż orgazm przeżyty za sprawą milczącego, działającego jak automat, sobą tylko zaprzątniętego partnera.

Ciało, które się starzeje

Mam sporo pacjentów po sześćdziesiątce. Często popadają oni w depresję na widok spustoszeń fizycznych, których przyczynami są wiek i choroby. Narasta w nich też negatywna postawa wobec samych siebie. U ludzi chorych, którym silne niegdyś ciała odmawiają teraz posłuszeństwa, negacja ta przejść może nawet w samoodrazę. Osoby takie potrzebują kontaktu fizycznego bardziej teraz niż kiedykolwiek. Skąd w ogóle wzięło się przekonanie, że ludzie niedołężni, zamknięci w domach opieki, ci, którzy nie odbywają już stosunków seksualnych nie potrzebują też już żadnych pieszczot, dotykania, żadnej afirmacji fizycznej?

Opowiadała mi pewna pani o ostatnich tygodniach życia jej 80-letniego ojca umierającego na raka. Ich dotychczasowe stosunki były raczej napięte, teraz godzinami przesiadywała w pokoju ojca – wydawało się zresztą, że oboje jednakowo tego pragną. „Nie zawsze znajdowałam słowa, które mogłyby mu ulżyć w cierpieniu – zwierzyła mi się – więc przynajmniej masowałam mu stopy."

Jakież to wymowne! Gdy sprowadzić rzecz do kategorii elementarnych, dotyk taki mówi: „Jesteś wciąż godny miłości, jesteś ważny, istniejesz, jesteś tutaj".

5. Utrzymywać ciało w dobrej kondycji. Skoro zdrowie fizyczne odgrywa tak wielką rolę w tym, co ogólnie nazywamy szczęściem, tym bardziej wypada nam zadbać o ciało. Choć trudno orzec, co tu jest przyczyną, a co skutkiem, wiadomo jednak, że ludzie posiadający dobre mniemanie o sobie na ogół odżywiają się racjonalniej, uprawiają też więcej ćwiczeń fizycznych niż osoby dotknięte kompleksem niższości. Nie jestem lekarzem, niemniej często indaguję pacjentów w depresji o to, co jedli w ciągu ostatniej doby, a także o ich tryb życia, zwłaszcza o to, czy regularnie zażywają ruchu. Sposób, w jaki traktują ciało, najlepiej mówi o ich wizerunku wewnętrznym.

Zdumiewająco wielka jest liczba osób, które eksploatują to ciało niemal do granic samodestrukcji. Tak nędznie się odżywiamy, tak często zapominamy o dostarczeniu organizmowi niezbędnej porcji zaprawy fizycznej, że nasze ciała odpowiadają na to zwolnieniem wszelkich reakcji, migrenami, bólami oraz ogólnym znużeniem. Trudno w tej sytuacji być z siebie zadowolonym. Mimo panującego dziś kultu sprawności fizycznej niedawne badania Departamentu Zdrowia wykazują, że 80-90 procent całej populacji Stanów Zjednoczonych poświęca tej sprawie niedostateczną uwagę. Prawie jedna trzecia Amerykanów i więcej niż jedna trzecia Amerykanek cierpi na otyłość – zupełnie tak samo, jak dziesięć lat temu.

A przecież utrzymanie ciała w takiej kondycji, która by zapewniała z kolei dobre samopoczucie psychiczne, nie wymaga nadzwyczajnych wysiłków. Kenneth Cooper, człowiek, który wymyślił i spopularyzował termin „aerobik", zaleca teraz chodzenie. Pięciokilometrowy marsz w 45 minut, pięć razy w tygodniu (i nie więcej) całkowicie wystarcza organizmowi człowieka nawykłego do aerobiku. „Zwiększając dawkę ćwiczeń oraz ich intensywność – przestrzegł ostatnio Cooper – wybiegasz sobie coś zgoła innego niż sprawność." Liczne badania dowodzą, że wysiłek na świeżym powietrzu (m.in. praca) reguluje poziom cholesterolu i cukru we krwi, dobrze wpływa na potencję seksualną, system odpornościowy, krążenie krwi – likwidując np. skrzepy – pomaga zrzucić zbędne kilogramy, rozwija mięśnie, osłabia poziom i skutki stresu, łagodzi objawy depresji.

Wynika stąd wniosek, że odpowiednie podejście do własnego ciała, troska o jego bezawaryjne funkcjonowanie w sposób wyraźny wpływa na nasze samopoczucie psychiczne.

Czy tusza da się lubić?

Pewien znany mi młody pracownik college'u, na tyle przystojny, że mógłby zdobyć względy każdej chyba dziewczyny w campusie*, wybrał sobie sympatię ze sporą nadwagą. Dlaczego? Odpowiedział mi na to bez wahania:

– Kiedy ją poznałem, uderzyło mnie jedno: jest gruba, a mówi o swojej tuszy otwarcie i wcale się nią nie przejmuje. To najbardziej kochająca, najmilsza ze znanych mi kobiet, a co najważniejsze, bez kompleksów. Moje poprzednie sympatie przeważnie wyglądały jak modelki, a mimo to bez przerwy jęczały, że tyją, że za dużo jedzą, a mnie zamęczały ciągłym wyliczaniem swoich urojonych braków.

Jak widać, cała sztuka polega na tym, żeby albo zmienić coś w swojej powierzchowności, albo ją zaakceptować. Siedzenie z założonymi rękami i zadręczanie się własnym wyglądem ma jedynie ten skutek, że jeszcze bardziej obniża pewność siebie. Osoba gruba ma po prostu dwie możliwości: zastosować dietę i ćwiczenia fizyczne albo postanowić: „No i dobrze, będę teraz taką właśnie trochę okrąglejszą osóbką, która zamierza cieszyć się życiem, w tym także każdym smakowitym kąskiem". Zdecydowanie zaś trzeba odrzucić możliwość trzecią, która sprowadza się do tego, że co prawda nie walczymy z nadwagą, ale za to w każdej dosłownie sytuacji – na przykład w drodze do pracy – rozpoczynamy wciąż tę samą litanię narzekań: „Ależ ja jestem gruba! Koniecznie coś z tym muszę zrobić. Czemu nie stać mnie na trochę samodyscypliny? Och, jak paskudnie wyglądam!"

Najlepszym przykładem zdrowych poglądów na sprawy ciała jest dla mnie pewien duchowny, który mimo przekroczonej osiemdziesiątki może się poszczycić idealną kondycją fizyczną. Od czasu do czasu udaje się on do swej odludnej górskiej chaty, gdzie modli się i pracuje.

– Dookoła nie ma żywego ducha – mówi – więc często rozbieram się do naga i pozwalam sobie krzątać się tak

---

* campus – miasteczko uniwersyteckie.

koło domu, niczym nie skrępowany, z błogim uczuciem absolutnej wolności. W człowieku tym nie ma ani krzty narcyzmu, a jego uduchowienie i rygorystycznie przykładny tryb życia budzą podziw. Według mnie postawa tego duchownego to wzór integracji ciała i ducha. Postawa ta przypomina o tym, że powinniśmy być bardziej wrażliwi na doznania zmysłowe i sygnały, które przesyła nam ciało, pamiętając, że ciało to nie nasza własność, ale że stanowi ono część naszej osoby.

Zintegruj swoje ciało i ducha

Sumienie zajmuje więcej miejsca niż cała reszta ludzkiego wnętrza.

Huckleberry Finn[*]

Niezasłużone poczucie winy

Wszyscy doradcy w naszej klinice to ludzie o światopoglądzie chrześcijańskim, dlatego wśród pacjentów zwracających się do nas o poradę wiele jest osób bardzo religijnych, nierzadko przesadnie dla siebie surowych. Elementem tego syndromu bywa często depresja. Niektórym z moich pacjentów powodzi się całkiem dobrze, można by nawet powiedzieć, że mają wszystko, a jednak prześladuje ich dziwne poczucie winy.

To, że nazywamy siebie ludźmi wierzącymi, nie uwalnia nas automatycznie od neuroz. Pewna pacjentka dr. Cecila Osborne'a, poddana przez niego terapii grupowej, powiedziała nawet ze śmiechem: „Byłam kiedyś straszliwą neurotyczką; teraz po przyjściu do Kościoła też jestem neurotyczką, tyle że chrześcijańską".

---

* Huckleberry Finn – bohater powieści Marka Twaina.

Grupa zawtórowała jej śmiechem. Ludzie ci rozumieli aż za dobrze, że samo przyjęcie zasad chrześcijańskich nikomu tak zaraz nie zlikwiduje jego problemów. Przeciwnie, można by się czasami spierać, czy nie jest aby odwrotnie, bo przecież równocześnie z narastaniem religijnego zaangażowania wrażliwsze staje się też sumienie, co z kolei obniża szacunek dla samego siebie. Takie rozumowanie byłoby jednakowoż nie tylko zbytnim uproszczeniem, ale i pomieszaniem dwóch pojęć: prawdziwej wiary i chorobliwej religijności. Z chorobliwą religijnością mamy do czynienia wtedy, gdy obniża ona wartość człowieka w jego własnych oczach, każe mu wciąż źle o sobie myśleć, popycha go do systematycznego wymierzania sobie kar. Prawdziwa wiara natomiast wykazuje człowiekowi różnicę między winą rzeczywistą i urojoną, a następnie doprowadza go do oczyszczenia w Chrystusie, nie wydaje go na pastwę wiecznych wyrzutów sumienia. Głównym celem niniejszego rozdziału jest właśnie zaznaczenie różnic między tymi dwiema postawami oraz omówienie naszej kolejnej zasady, która brzmi:

POZBĄDŹ SIĘ NIEUZASADNIONEGO POCZUCIA WINY.

Mówiąc o uwolnieniu się od poczucia winy, trzeba zacząć od uwypuklenia różnic między tym stanem emocjonalnym a pokrewnym mu uczuciem wstydu. Za pomoc niech posłuży tu wywód Willarda Gaylina zawarty w jego książce *Feelings* (Uczucia). Wstyd – dowodzi autor – o wiele bardziej łączy się z faktem publicznego ujawnienia danego incydentu czy postępku niż prawdziwe poczucie winy. Kierowca czekający na wypisanie mandatu za naruszenie przepisów drogowych odczuwa wstyd, bo przejeżdżający obok inni użytkownicy jezdni przyglądają mu się z mieszaniną rozbawienia i kpiny. Można również najeść się wstydu przez niewiedzę: na przykład przychodząc w zwykłym ubraniu na uroczyste przyjęcie. Tak więc wstyd i zakłopotanie wiążą się zawsze z publicznym ośmieszeniem – którego każdy oczywiście usilnie stara się unikać – nie zawsze zaś są rezultatem niewłaściwych postępków. Nieodpowiednio ubrany uczestnik przyjęcia czuje się po prostu głupio, kierowca ukarany mandatem może czuć się winny lub nie.

Przeciętny człowiek demonstruje pewną liczbę zachowań, których sam nie uważa za złe, wie jednak, że gdyby wyszły one na jaw, ściągnęłyby na niego dezaprobatę, czy nawet karę. Wspomniany incydent drogowy to klasyczne przyłapanie na gorącym uczynku: boimy się tego jak ognia. Nie zgadzamy się z zasadami, według których ocenia się nasze postępowanie (przykładowo: przekroczyliśmy dozwoloną szybkość, ale uważamy, że ograniczający ją przepis jest nieżyciowy), a dla uniknięcia ewentualnej odpowiedzialności gotowi jesteśmy zadać sobie niebywale dużo trudu.

Wstyd i wina mają w sobie wiele wspólnej zawartości emocjonalnej, nie jest ona jednak identyczna. Słysząc na autostradzie wycie syreny policyjnej, kierowca odczuwa gwałtowny ucisk w dołku: Ale wpadka! Trzeba będzie wysłuchać upomnień funkcjonariusza (a któż lubi być strofowany!) i jaki wstyd przed ludźmi! Że też dałem się tak głupio złapać, do licha, na dodatek jeszcze ta grzywna! Ów ładunek emocji może wciąż jeszcze nie zawierać poczucia winy. Dla wykrycia jego obecności Willard Gaylin proponuje prosty test. Jeśli na odgłos syreny zaczyna ściskać nas w dołku, po czym natychmiast odczuwamy ulgę widząc, że policjant wyprzedza nasz samochód, by zatrzymać porsche, które przed chwilą wyrwało się do przodu, znaczy to, że nie czuliśmy winy, tylko strach. Jeżeli jednak nęka nas trochę sumienie z powodu przekroczenia szybkości, jeśli jesteśmy nawet z lekka rozczarowani tym, że nas nie złapano, wtedy rzeczywiście doświadczamy poczucia winy.

Zdrowe i nieuzasadnione, neurotyczne poczucie winy

Prawdziwa wina jest konsekwencją złych uczynków lub zaniechania działań pozytywnych, które uważamy za swój obowiązek. Takie poczucie winy wbrew uproszczonym teoriom „niepotrzebnych emocji" jest ważnym elementem regulacji wszelkich stosunków społecznych. Znany żydowski filozof i teolog Martin Buber stał na przykład na stanowisku, że najdotkliwsze poczucie winy towarzyszy zawsze pogwałceniu stosunków międzyludzkich. Zadajemy sobie wtedy pytanie: „Jak mogłem to zrobić temu człowiekowi?" Istnieje też coś takiego, czemu uczony, Irvin D. Yalom, nadaje miano winy egzystencjalnej. Jest to wedle jego definicji „emocja konstruktywna – wynikająca z postrzegania różnicy między istniejącym stanem rzeczy a tym, co być powinno". Dla chrześcijan wina jest związana z postępowaniem niezgodnym z wolą Bożą i w niektórych wypadkach może nie mieć żadnego związku z bliźnim. Czasami czujemy się winni, nie wiedząc dlaczego i choć nigdy nie poznamy natury swego błędu, zło pozostaje złem.

Selma Freiberg, analizując te problemy, pisze, że normalne sumienie wytwarza poczucie winy współmierne z postępkiem i że chroni nas ono przed popełnianiem tych samych błędów.

Co innego sumienie neurotyczne, które działa tak, jakby w osobowości człowieka mieściła się kwatera gestapo; bezlitośnie tropi ono każdą niebezpieczną (czasem tylko potencjalnie) myśl, każdy najmniejszy zawiązek takiej myśli, oskarża, grozi, poddaje bezterminowym torturom, by wywołać poczucie winy za najbłahsze wykroczenie, czy też zbrodnię popełnioną we śnie. Takie poczucie winy ma ten skutek, że zniewolona zostaje cała osobowość.

Za ilustrację tego czysto teoretycznego fragmentu mogą posłużyć słowa znanej autorki, Judith Viorst:

Czuję się winna, ilekroć któreś z moich dzieci jest nieszczęśliwe.
Czuję się winna, ilekroć nie posprzątam po jedzeniu.
Czuję się winna, ilekroć rozmyślnie rozdepczę jakiegoś insekta – z wyjątkiem karalucha.
Czuję się winna, ilekroć zużyję do gotowania kawałek masła, który mi spadł na podłogę.
A ponieważ mogłabym z łatwością wypisać jeszcze kilkaset takich wywołujących szczere wyrzuty sumienia pozycji (nie czynię tego tylko z braku miejsca), mogę powiedzieć, że cierpię na nieumiarkowane, ślepe, irracjonalne poczucie winy.

„Przepraszam, że żyję!"

„Pokaż mi swoje ulubione fragmenty Biblii, a dowiesz się o sobie mnóstwa ciekawych rzeczy" – mówi dr Lars Grandberg. I rzeczywiście, aż dziw bierze patrzeć, jak bardzo niektórych ludzi pociągają wciąż te same fragmenty o potępieniu czy psalmy o gniewie Bożym. Zwolennicy etyki świeckiej gromią kościelnych aktywistów za tę obsesję grzechu, winy i samobiczownictwa, ale czy tak nakazuje sama Ewangelia? Nie, główną tego przyczyną jest znów pomieszanie pojęć, błędne przeświadczenie, że im ktoś jest bardziej dla siebie surowy, tym mniej grzeszny, że największą przyjemność sprawia Panu Bogu tarzający się w prochu pokutnik, nieustannie zabiegający o przebaczenie. Poczucie winy w przedziwny sposób staje się tu oznaką pobożności.

Tymczasem taka postawa to czyste nieporozumienie i błąd. Gdy modlitwa sprowadza się wyłącznie do wyliczania Bogu samych tylko niegodziwych postępków i zaniechań w świadczeniu dobra (tak jakby On sam tego nie widział i był dopiero przez nas informowany), mamy do czynienia z czymś zupełnie przeciwnym wspaniałej Bożej łasce, o której mowa w Piśmie św.

Przypuśćmy, że regularnie jadam lunch z przyjacielem, ale w czasie tych spotkań nic innego nie robię, tylko wygłaszam samooskarżycielskie tyrady: „Ach, jaki jestem okropny, ach jak daleko odbiegam od modelu przykładnego chrześcijanina!" Łatwo przewidzieć, co się stanie – przyjaciel zacznie mnie unikać. Żadna to przyjemność obcować z ludźmi, którzy wciąż tylko biją się w piersi. „Przepraszam, że żyję!" Z pewnością nie to chciał Bóg słyszeć, gdy nas tworzył.

Wina jako forma ucieczki

W poważnych badaniach psychologicznych poświęconych winie mówi się o niej jako o sposobie wyłudzania pewnych dodatkowych korzyści. Może to być niewiele więcej, jak tylko próba zwrócenia na siebie uwagi lub zawoalowany komunikat: „Zauważ, jakie mam wrażliwe sumienie". „Nie myśl, że postępuję tak z głupoty; dobrze wiem, że to, co robię, jest złe." Oliver Wendell Holmes pisze:

Dopraszanie się wybaczenia na siłę – to nawyk wprost beznadziejny, taki, z którego rzadko udaje się kogoś wyleczyć. To zwykły egotyzm, tyle że na opak. W dziewięciu przypadkach na dziesięć o wadach takiego człowieka dowiadujemy się z jego błagalniczych tyrad. Czyż nie jest przejawem skrajnego zarozumialstwa nadawanie swoim drobnym grzeszkom tak wielkiej wagi, żeby trzeba było aż tyle o nich mówić?

Sprawą poważniejszą jest poczucie winy jako forma ucieczki od odpowiedzialności. Mówiąc ogólnie, kłopot z ludźmi, którzy demonstrują przesadne poczucie winy, którzy biczując się proszą o litość, polega na tym, że postawa ta ani ich przed niczym nie chroni, ani nie skłania do zmian, przeciwnie, paraliżuje ich wewnętrznie. Choć źle o sobie myślą, to bynajmniej nie uważają za konieczne się zmieniać – nie są zresztą do tego zdolni. A od wyznania „jestem nędznym grzesznikiem" do słów „o, ja nieszczęśliwy!" już naprawdę tylko jeden krok.

Kościotrup w szafie

Jest wielu takich ludzi, którzy mając wciąż przed oczami swoje dawne błędy, zużywają mnóstwo energii na skrzętne ukrywanie ich przed światem. Tak postępuje na przykład kobieta, która jako nastolatka poddała się aborcji, a obecnie, jako szczęśliwa mężatka, żyje w ciągłym strachu, bo a nuż małżonek się o tym dowie, albo rozwiedziony mężczyzna, który pragnie rozwód zataić przed znajomymi. Czasami chodzi też o sprawę dużo poważniejszą. Ludzie niepewni siebie robią, co tylko mogą, aby te wstydliwe sekrety nie wyszły na jaw, starannie zacierają zatem wszelkie ich ślady, budując całą skomplikowaną sieć kłamstw. W rezultacie zaczynają prowadzić podwójne życie, a że wciąż mają się na baczności, tracą zarówno wewnętrzną wolność, jak i zmysł twórczy. Wszelka twórczość wymaga bowiem swobody ekspresji, żywiołowości, nie przejmowania się opiniami otoczenia, umiejętności śmiania się z samego siebie, a cech tych nie może posiadać człowiek, którego nie stać na pewną pobłażliwość wobec swych niegdysiejszych błędów.

Każdy z nas ma swego kościotrupa w szafie. Przejście obok jej zamkniętych drzwi każdorazowo wywołuje zimny dreszcz, łomotanie w skroniach, brak oddechu, tak że z trudem przezwyciężamy szaleńcze pragnienie ucieczki. Psychoterapeuci zachęcają w takich wypadkach do tego, by po prostu otworzyć tę szafę i przyjrzeć się jej zawartości. Przy pierwszej tego rodzaju próbie można z przerażenia zemdleć, ale przy drugiej nie będzie już tak źle; po kilkunastu czy kilkudziesięciu próbach dobrze „oswojony" kościotrup zupełnie przestanie nas straszyć.

Nie twierdzę, że ten makabryczny rekwizyt trzeba pokazywać każdemu, kto przestąpi próg naszego domu. Nie ma żadnej potrzeby urządzać takiego pokazu ani nawet myśleć, że istnieje przymus całkowitego odsłaniania się przed ludźmi, odpowiadania na każde zadane pytanie. Przysługuje nam wszak prawo do prywatności. Tak, ale wybrać moment i osobę, której można zwierzyć się z jakiegoś niechlubnego faktu z własnej przeszłości, to jedno, a przez całe życie rozpaczliwie ukrywać przed wszystkimi każdą najdrobniejszą rysę na życiorysie to zupełnie co innego. Warto sobie uświadomić, że postępowanie takie wynika nie ze zwykłego poczucia winy, ale ze wstydu. Popełniamy przy tym często spotykany błąd: wyobrażamy sobie, że nikt na świecie nie ma bardziej kompromitującej przeszłości i że otoczenie dozna wstrząsu na wieść o naszych haniebnych upadkach.

Co zatem należy robić? Rozliczyć się z własną przeszłością. Po prostu przyjąć do wiadomości fakt, że się kiedyś zbłądziło, omówić te swoje błędy z wybranymi ludźmi. Wyznanie takie może pociągnąć za sobą kilka bardzo ważnych konsekwencji. Pierwsza z nich to wyjaśnienie motywów własnego postępku, czy też obiektywnych przyczyn. Przytoczę tu przypadek jednej z pacjentek, kobiety o niezbyt silnej osobowości. Na parę miesięcy dała się ona wciągnąć w orbitę oddziaływania innej, dla odmiany niebywale silnej kobiety, która nakłoniła ją do prostytucji. Pani, o której mowa, szybko zresztą porzuciła ten proceder; po owym krótkim a niefortunnym incydencie nastąpił dwudziestoletni okres całkowitego celibatu. Pacjentka jest żarliwą katoliczką i jak sama mówi, nie ma wątpliwości, że grzech został jej wybaczony. Dlaczego więc odczuwa wciąż potrzebę dyskutowania ze mną o swojej przeszłości? Dlatego, że nadal nie rozumie, jak się to stało i które z tych dwóch, tak bardzo różnych przecież wcieleń stanowi jej prawdziwą osobowość: młoda dziewczyna, która dwadzieścia lat temu posłusznie wykonywała niechlubny proceder, czy też surowa, moralnie czysta kobieta, którą jest obecnie? Najprawdopodobniej żadna z tych postaci nie oddaje w pełni jej osobowości, ale pacjentka potrzebuje czasu, by im się przyjrzeć, zobaczyć je we właściwym świetle Bożej miłości i przebaczenia, pomówić o nich, odpowiedzieć na szereg pytań, słowem, uporządkować swoje myślenie o sobie i Bogu, aby w końcu zrozumieć samą siebie.

Drugą, niesłychanie ważną konsekwencją wyznania grzechów jest oczyszczenie. Duchowni i doradcy, którzy wciąż przecież słyszą od różnych ludzi to samo zdanie: „Mówię ci o takich sprawach, jakich nie zdradziłem żadnej śmiertelnej istocie", obserwują potem zawsze reakcję przypominającą przecięcie nabrzmiałego czyraka – trudną do opisania ulgę.

Konsekwencja trzecia to ta, że jeśli słuchacza nie zrażą rewelacje „winowajcy", jeśli nadal zechce go cenić, zainteresowany z dużo większą łatwością potrafi zaakceptować siebie. Wspomniana wyżej pacjentka bała się na przykład, że jeśli mi opowie o sobie, ja poczuję do niej głęboką odrazę, wskutek czego skreślę ją z mojego grafiku przyjęć. Nic takiego oczywiście się nie stało. Poruszyło mnie jej wyznanie; było mi naprawdę smutno, że aby odpokutować za swój grzech, zdecydowała się na życie bez miłości i małżeństwa. Mam nadzieję, że okazując mej pacjentce pełną akceptację, wniosłem jakiś swój niewielki udział w trudny proces jej samoakceptacji.

Ludzie demonstrujący udawany optymizm próbują wyśmiewać swoją przeszłość lub usuwać ją z pola widzenia. Nie jest to w żadnym razie postawa zgodna z Pismem Świętym. Biblia otwarcie przyznaje, że istnieje cierpienie, błędy i ludzka hańba. Wszystkie wielkie postacie biblijne mają zresztą nie zawsze najczystszą kartotekę i Biblia wcale się tego nie ukrywa. Im bliżsi stajemy się duchowi Pisma św., tym swobodniej przyznajemy się do błędów.

Kwestia polega nie na tym, czy udało się nam uniknąć błędów, bo przecież nikt, kto podejmuje jakąkolwiek znaczącą działalność, nie może się przed nimi ustrzec. Właściwe pytanie brzmi inaczej: Jak odnoszę się do swoich błędów? Czy nie zwątpiłem przez nie w swoją wartość? Czy związane z nimi cierpienie i wstyd nie sprawiły, że unikam teraz najdrobniejszego ryzyka, że dręczy mnie zwątpienie we własną wartość, że stałem się człowiekiem ostrożnym, bez szerszych horyzontów myślowych, że obwiniam się za wszystko w nieskończoność?

Uwolnienie od poczucia winy

Leslie Weatherhead, wielki duchowny anglikański, pisze:

> Miłosierdzie Boskie jest najpotężniejszą w świecie ideą terapeutyczną. Ktoś, kto prawdziwie wierzy, że Bóg udzielił mu przebaczenia, potrafi też wyzwolić się z neuroz.

Choć pogląd ten może wydać się niektórym trochę zbyt optymistyczny, to prawdą jest, że dano nam możliwość przyjęcia całkowitego odkupienia, że wyznawanie grzechów Bogu to nasz obowiązek, i wreszcie że takie praktyki doskonale służą nie tylko zdrowiu duchowemu, ale i psychicznemu.

W tym wszystkim tkwi jednakże pewien poważny problem: wyznajemy grzechy, prosimy Boga o przebaczenie, a potem ledwo powstajemy z klęczek, znów zarzucamy na plecy wiązkę winy z powodu dopiero co wyznanych grzechów i odchodzimy, uginając się pod jej nieznośnym ciężarem. A przecież trzeba je było pozostawić przed Bogiem. Pismo Święte mówi wyraźnie, że akt przebaczenia mieści w sobie zarówno ideę zrozumienia, jak i dalszego działania. Dowiadujemy się oto, że od tej chwili możemy żyć pełnym życiem, przeszłość zaś pozostawić za sobą. Mówi o tym święty Paweł: „(...) to jedno czynię: zapominając o tym, co za mną, a wytężając siły ku temu, co przede mną, pędzę ku wyznaczonej mecie (...)" (Flp 3,13-14). Eleonora Roosevelt zapytana, dzięki czemu zdołała tak wiele osiągnąć, odrzekła: „Nie tracę czasu na żale".

Dlaczego więc wciąż przytłaczają nas wyrzuty sumienia, dlaczego tak ciężko się oskarżamy? Cóż, w wielu wypadkach czynimy to po prostu z przyzwyczajenia. Jeśli zatem żyjemy w rodzinie, która nas nieustannie strofuje, poniża, zgłasza do nas pretensje, trzeba wymóc na jej członkach, żeby przestali to robić. Jeśli uczęszczamy na nabożeństwa, na których duchowny motywuje postępowanie wiernych strachem i poczuciem winy, należy może zmienić otoczenie i chodzić do takiej wspólnoty, gdzie miłość i łaska Boża stawiane są na właściwym miejscu. Nawiasem mówiąc, wina to bardzo prymitywny sposób motywowania zarówno dzieci, jak i wiernych, ale też niezwykle skuteczny. Jeśli rodzicom uda się wszczepić dziecku poczucie winy za to, że ich zasmuciło bądź wyrządziło przykrość, malec w przyszłości gotów będzie zrobić dla nich wszystko. Dzieckiem da się manipulować jak marionetką – wystarczy widok przekonująco zbolałej twarzy rodzica.

Opiekowałem się jakiś czas młodym inżynierem, który na własną rękę zdołał odkryć liczne powody swych zwątpień, mimo to długo nie mógł pozbyć się ogromnej nienawiści do samego siebie. Opowiedział mi sen, dzięki któremu zrozumiał, że nosi w sobie „automatycznego krytykanta". Wydawało mu się, opowiadał, że to prawie realna istota, sącząca mu do ucha same tylko myśli negatywne, myśli wywołujące poczucie winy, i to w chwilach, gdy zabiera się do czegoś ważnego. Postanowił więc bronić się, tak jakby walczył z realną istotą i doznał zdumiewającej ulgi – nareszcie poczuł się wolny.[*]

Istnieje też możliwość dokonywania zmian w całym zbiorze sądów o sobie, inaczej mówiąc, pewnego zwrotu w ich treści i zabarwieniu emocjonalnym. Jeden z moich przyjaciół, zresztą wzór rodzicielskiej sumienności, miał sporo kłopotu z butowniczym synem. Przyjaciel obwiniał siebie za kiepskie wychowanie chłopca, nie szczędząc samemu sobie nader surowych zarzutów. Odbiło się to na jego zdrowiu – chudł, nie mógł sypiać. Poszedł w końcu do psychoterapeuty, zwolennika racjonalno-emocjonalnej szkoły myślenia. Ten już po dwóch spotkaniach doszedł do następujących wniosków:

– Słyszę, że wygłasza pan do siebie następujące sądy:

1. Mój syn nie chce się ze mną porozumieć.

2. Musiałem zrobić coś, co źle wpłynęło na Curta, ale on mi tego nie powie.

3. Nasze wspólne wycieczki, mecze piłkarskie i inne łączące nas sprawy przeminęły nieodwołalnie.

4. Jest mi tak strasznie przykro i nigdy już się tego nie pozbędę.

Przyjaciel szczerze się zdumiał: Jak to, po dwóch zaledwie sesjach psychoterapeuta tak trafnie podsumował jego skryte przeświadczenia? Przyznał się jednak, że istotnie wciąż to sobie powtarza w myślach. Rada terapeuty brzmiała: niech pan wprowadzi następujące zmiany do tych zdań i do nich kieruje swe myśli, oczywiście pod warunkiem, że logicznie myśląc, uzna je pan za słuszne nie zważając na swoje emocje. Proszę spojrzeć na poniższe

---

[*] por. 1 P 5,6-11.

zdania i zauważyć, że nie doszło tu do całkowitej zmiany punktu widzenia – ze skrajnie negatywnego na zbyt pozytywny – sprzeciwiałoby się to bowiem temu, co przyjaciel mój uznawał za prawdę, nastąpił jednak zasadniczy zwrot w sposobie myślenia.

1. Mój syn i ja mamy trudności w porozumiewaniu się ze sobą, może jednak znajdziemy jakiś sposób.

2. To Curt postanowił się tak zachowywać, chociaż my z Joan mamy w tym też swój udział. Nie może mi powiedzieć, co takiego zrobiliśmy, bo nie wie; tkwi to w jego podświadomości.

3. Uleciało nam wiele cennych spraw, ale można i trzeba je będzie przywrócić.

4. Strasznie mi przykro; oczywiście pragnę pozbyć się tego uczucia i wiem, że są na to sposoby.

Perfekcjonizm

Istnieje jeszcze inna postać poczucia winy, występująca zresztą bardzo często. Przejawia się ona złym samopoczuciem za każdym razem, kiedy zdarza nam się wykonać coś w sposób mniej niż perfekcyjny, jak również uchylaniem się od wszelkich zadań, co do których nie mamy pewności powodzenia.

Zilustrujmy to konkretnym przykładem. Zjawił się u mnie pacjent w stanie skrajnego napięcia i oświadczył, że nienawidzi swojej pracy. Nie sypia po nocach, musiał poddać się leczeniu, dokuczają mu bowiem wrzody przewodu pokarmowego oraz silne bóle w karku i krzyżu. Spytałem, czym się zajmuje.

– Cóż, jestem dyrektorem liceum, ale szkoła dawno przestała mnie bawić. Posada jest bardzo dobra, jednak ta praca mnie wykańcza. Ani chwili wytchnienia, nawet na lunch! Jadam na chybcika przy biurku, zamykając się w gabinecie najwyżej na dziesięć minut. Wychodzę do pracy wpół do ósmej, wracam o wpół do siódmej, a przez pierwsze i ostatnie sześć tygodni roku szkolnego biorę jeszcze do domu masę zaległej pracy, nad którą ślęczę potem w każdą sobotę przez dobre dziesięć godzin.

Zapytałem, dlaczego tak ciężko pracuje.

– Bo nikt inny tego nie zrobi. Brakuje nam personelu, papierkowej roboty jest coraz więcej, a ja nie wytrzymuję nerwowo, kiedy nie jest zrobiona.

– Czy wszyscy dyrektorzy liceów pracują aż tyle godzin? – zagadnąłem pacjenta.

– Nie, na pewno nie.

– Inspektor siedzi panu na karku?

– Ach nie, dobrze się z nim współpracuje. Nie, sam narzucam sobie takie wymagania. Robię to dla siebie, nie na pokaz. Kuratorium nie wie przecież, kiedy wychodzę z pracy. Cóż ich to obchodzi? Siedzę po godzinach, bo nie potrafię zostawić nie dokończonej roboty. Prześladuje mnie wtedy okropne poczucie winy.

W trakcie dalszych rozmów mój pacjent zrozumiał, że postawił sobie irracjonalne, perfekcjonistyczne wymagania. Czy gdyby na wykonanie wszystkich zadań trzeba było poświęcić sto lub sto pięćdziesiąt godzin tygodniowo, też próbowałby im sprostać? Powinniśmy nauczyć się ważnej rzeczy: przyjąć do wiadomości, że wszystkiego nie da się zrobić, że część naszych codziennych zadań pozostanie nie wypełniona. Specjaliści w dziedzinie organizacji pracy podkreślają zresztą, że tajemnica powodzenia właśnie na tym polega: załatwiać jedynie to, co najważniejsze, sprawy mało istotne „odpuszczać".

Nasz dyrektor liceum zaczął więc analizować swoje wieloletnie nawyki. Wychował się w rodzinie zdeklarowanych bałaganiarzy, zatem chcąc się od nich zdystansować, stał się wyjątkowo zdyscyplinowanym studentem. Przez cały okres college'u zarabiał na siebie, pracując codziennie bite osiem godzin – nie opuścił przy tym żadnego wykładu, skrupulatnie wywiązywał się także ze wszystkich zadań domowych. Oczywiste, że w tych warunkach nie mógł sobie pozwolić na marnowanie czasu. Ani sekundy. Stosując tę żelazną samodyscyplinę, tak wdrożył się do ciężkiej pracy, że ilekroć próbował położyć się i odprężyć, miał to sobie za złe – zaczynał czuć się fatalnie. Zarazem jednak rygor i obowiązkowość uczyniły zeń niezawodnego pracownika; dzięki nim osiągnął swoją obecną pozycję.

– W dzieciństwie miałem o sobie jak najgorsze wyobrażenie – powiedział mi w pewnym momencie – ale gdy już zdobyłem dyplom i zostałem nauczycielem, nastąpiła wyraźna zmiana: uwierzyłem w siebie, poczułem się człowiekiem kompetentnym.

Jak z tego widać, mój pacjent zaszedł bardzo daleko, zmuszając się przez długie lata do maksymalnych wysiłków. A co teraz? Cóż, opuściła go ambicja, która tak długo była motorem jego poczynań; teraz marzy już tylko o emeryturze, mimo że przełożeni darzą go uznaniem, że ma dobrą pensję, że jest jednym z najlepszych administratorów szkolnych w całym mieście.

Funkcjonuje w nim jednak ciągle mechanizm wewnętrznego przymusu, napędzany dotkliwym poczuciem winy. Im dłużej pozostaje pod jego wpływem, tym mniej zdaje sobie sprawę, dlaczego robi to, co robi; ten nawykowy perfekcjonizm zaczyna też zagrażać jego najcenniejszym wartościom – małżeństwu i stosunkom z dziećmi.

Sam zainteresowany wiąże prześladujące go poczucie winy z okresem dzieciństwa. Był wtedy ustawicznie karany, kara zaś polegała zwykle na tym, że kazano mu wyjmować z kredensu wszystkie naczynia, a następnie sześciokrotnie myć je i wycierać. Wydawał się sobie zupełnym zerem. Dopiero gdy dostał pracę w szkole, jego szacunek dla samego siebie zaczął wzrastać – zorientował się prawie natychmiast, że jest lepszym nauczycielem niż większość zatrudnionych tam kolegów. Przyczyna tego była oczywiście bardzo prosta: poświęcał swojej pracy znacznie więcej czasu i energii niż pozostali członkowie grona pedagogicznego. A dlaczego tak się do niej przykładał? Z dwóch powodów: z jednej strony łaknął afirmacji i zyskiwał ją, no bo wreszcie i on w czymś celował, z drugiej – nadal dręczyły go lęki: jego osoba, jego poczynania podlegały przecież ocenie tylu różnych ludzi! Wydawało mu się, że najdrobniejsza pomyłka czy niedokładność narazi go na reprymendę, ściągnie na niego potępienie, okryje wstydem.

Sprawa tego dyrektora była dla mnie trudnym orzechem do zgryzienia. Żebym to wiedział, mówiłem sobie, do jakiego stopnia należy go uwolnić od tych przymusowych zachowań! To one właśnie uczyniły z niego tak znakomitego nauczyciela, zapewniły mu wysoką pozycję społeczną. Pamiętałem zdanie dr. Ralpha Greensona: „Gdyby nie neurozy, niewiele dałoby się osiągnąć na tym świecie".

No tak, ale ten przymus pracy jest zdecydowanie zbyt silny – podpowiadało mi trzeźwe myślenie – w dodatku nadal narasta, prowadząc do absolutnej skrajności. No bo jaka jest sytuacja: mężczyznę przed emeryturą nęka chorobliwy perfekcjonizm! Ulega mu już tak długo, że zdążył zapomnieć, w imię czego pracuje jak katorżnik, nie zależy mu przecież na przypodobaniu się zwierzchnikom. Mordercza skrupulatność doprowadziła go na skraj załamania fizycznego.

Uproszczone teorie psychologiczne, jak również niektóre, szczególnie wschodnie religie każą nam wierzyć, że wszystko będzie dobrze. Przezwyciężyć można każdą trudność, osiągnąć każdy cel, wystarczy tylko, według nich, odpowiednio go sobie uprzytomnić i zwizualizować.

Jest w tym wszakże jedno „ale". Brak temu prawdy. Głosiciele tych haseł są, delikatnie mówiąc, zbytnimi optymistami: wyobrażają sobie człowieka jako istotę ze wszech miar doskonałą, wręcz mogącą się równać z Bogiem, a nie jest to przecież zgodne ani z Pismem Świętym, ani z potocznym doświadczeniem, ani wreszcie z wiedzą historyczną. Owszem, istotę ludzką stać na niemałe dokonania, lecz w obliczu Boga będzie zawsze niedoskonała. Im szybciej oswoimy się z tą prawdą, tym łatwiej będzie nam zyskać zdrową pewność siebie.

Dokonajmy tu precyzyjnego rozgraniczenia: absolutnie nie chodzi o to, by stać się arogantem bez sumienia, nigdy nie doświadczającym poczucia winy. Nie, mania wielkości to też nic dobrego. Wystrzegajmy się jednak pogardy dla samych siebie, nie bądźmy tymi, których jedynym zajęciem jest powtarzanie: „Przepraszam, że żyję".

Pozbądź się nieuzasadnionego poczucia winy

JAK MIŁOŚĆ WPŁYWA NA PEWNOŚĆ SIEBIE

Część piąta

Nic nie może zastąpić osoby, którą kochamy,
i błędem byłoby szukać jakiejś namiastki.

Dietrich Bonhoeffer*

Znaczenie przyjaźni

Ludzi zasięgających u mnie porad pytam czasami o to, czy łączy ich z kimś znaczący związek uczuciowy.

– Czy jesteś zakochany? Masz może bliskich przyjaciół?

– Nie – pada na ogół odpowiedź. – Nie jestem jeszcze do tego gotowy. Najpierw muszę „wyprostować" swoje sprawy wewnętrzne, dlatego przychodzę na konsultacje. Później może będę gotów nawiązać z kimś przyjaźń.

To zupełnie tak, jakby siwiejący pan po czterdziestce zwlekał z rozpoczęciem ćwiczeń fizycznych, dopóki nie będzie w formie. Rozwój osobowości musi iść w parze z budowaniem zażyłych związków.

---

* Dietrich Bonhoeffer (1906–1945) – protestancki teolog niemiecki.

Teoria, że korzystny obraz własnej osoby musi bezwarunkowo poprzedzać nawiązywanie wszelkich pozytywnych relacji międzyludzkich, to kolejny stereotyp rozpowszechniany dziś zwłaszcza przez autorów popularnych poradników psychologicznych. Wielu podkreśla z naciskiem, że dowartościowanie jednostki to proces, na który nikt z zewnątrz nie powinien mieć wpływu. Wszystko, co wiąże się z poczuciem wartości, trzeba czerpać z własnego wnętrza – sugerują autorzy licznych książek i wykładowcy weekendowych seminariów.

Poruszamy tu kwestię żywo przypominającą dylemat: jajko czy kura? Co było pierwsze? Owszem, im większa pewność siebie, tym lepsze relacje z ludźmi, spójrzmy na to jednak z innej strony: w jakich okolicznościach nabieramy szacunku dla samych siebie? Na pewno nie na bezludnej wyspie, siedząc pod palmą i wpatrując się we własny pępek. Osobowość człowieka w znacznej mierze kształtują otaczający go ludzie, tak samo jest i z wizerunkiem własnym jednostki. Do jego poprawy też przyczynia się społeczeństwo – i to w sposób bardzo istotny. Tak więc najskuteczniejszym środkiem wzmacniającym naszą pewność siebie jest ludzka miłość i życzliwość, której trzeba zapewnić sobie w życiu możliwie jak najwięcej. Powinniśmy zrobić wszystko, co w naszej mocy, dla skonstruowania wokół siebie rozległej sieci trwałych związków przyjaźni, które staną się nieocenionym fundamentem dla naszego dalszego rozwoju osobowego. Wiele jest dróg, którymi miłość prowadzi ku pewności siebie; pierwsza z nich brzmi:

ZASKARBIAJ SOBIE PRZYJAŹŃ LUDZI, KTÓRZY POMOGĄ CI ROZWIJAĆ SIĘ.

Już bardzo długo i ciężko pracuję nad pewną pacjentką po trzydziestce, ale mówię sobie, że te moje męczarnie są niczym w porównaniu z jej życiową udręką, dlatego muszę wytrwać. W jakiej sytuacji znajduje się ta kobieta? Mieszka w Los Angeles w olbrzymim „mrówkowcu". Rano samotnie zjada śniadanie, schodzi do podziemnego garażu po samochód, który, po przybyciu do swego biurowca, zostawia w drugim podziemnym garażu, a potem zasiada do pracy. Przez kilka godzin tkwi sama w malutkiej kabinie, z rzadka tylko kontaktując się z ludźmi pracującymi w identycznych otaczających jej pomieszczenie klatkach. Lunch też zwykle je sama; po południu wraca ustaloną trasą do pustego mieszkania, gdzie tylko od wielkiego święta chce się jej ugotować jakiś ciepły posiłek: na co dzień połyka coś na stojąco przy zlewozmywaku. Już o siódmej, najwyżej ósmej, kładzie się do łóżka z nadzieją, że uda jej się zasnąć, bo jak mówi: „Te dziesięć, jedenaście godzin snu to jedyna ucieczka od mojej straszliwej samotności".

Czy można się dziwić, że była już trzy razy leczona w szpitalu i że przez całe swe dorosłe życie poddaje się jakiejś terapii? Starożytni rabini mieli rację, mówiąc: „Kto zanadto zabrnie w samotność, ten zwariuje".

Mając przed sobą istotę tak wyobcowaną, nietrudno uznać, że ten zupełny brak przyjaciół to wina samej pacjentki, zwłaszcza jej szorstkiego sposobu bycia. Jest w tym oczywiście trochę prawdy. Ta kobieta, która tak desperacko łaknie towarzystwa, szczególnie zaś romantycznej miłości, robi, zdaje się, wszystko, żeby odstraszyć każdego, kto się do niej zbliży. Wygładzenie tych ostrych kantów jej osobowości wymaga niesłychanej pracy. I co z nią robić? Skoncentrować się na naprawie okaleczonego obrazu samej siebie – jak radzą niektórzy specjaliści – a potem rzucić na głęboką wodę między ludzi? Nie, to nic nie da. Muszę po kolei rozwiązywać z nią każdy jej problem dopóty, dopóki nie nastąpi jakaś zmiana w jej tak fatalnie powtarzającym się życiowym schemacie: póki któraś z jej znajomości w końcu nie okrzepnie. Muszę być przy niej, pomóc jej się pozbierać w razie kolejnego rozpadu jakiegoś związku, wykazać popełnione błędy, wprowadzić w jej postępowanie takie korekty, które może następnym razem przyniosą tej kobiecie więcej szczęścia.

Potrzeba miłości

Człowiek stworzony jest do miłości, ja jednak z przykrością stwierdzam, że wielu moich pacjentów o tym nie pamięta. Zadają sobie oni mnóstwo trudu z wyszukiwaniem rozmaitych uczonych metod służących budowaniu obrazu własnej osoby, umacnianiu pewności siebie, nie przywiązując zarazem należytej wagi do tego, co mogłoby stać się dla nich najłatwiej dostępnym źródłem życzliwej pomocy – mam tu na myśli serdeczną przyjaźń. Gdy im się to powie, wynajdują setki wymówek: są zbyt zajęci, przyzwyczaili się obywać bez niczyjej pomocy, nie potrafią zaufać ludziom, są samotnikami z wyboru. Ale jest to przecież tylko klasyczna zasłona dymna skrywająca silne aż do bólu pragnienie: kochać i być kochanym.

Ludzie często popełniają dość podstawowy błąd, uważając, że jedynym sposobem zapewnienia sobie szczęścia w życiu będzie znalezienie odpowiedniego męża czy żony, całkowicie zaś pomijają w swych rozważaniach jakże istotną dla człowieka sferę przyjaźni. W rzeczywistości rzadko się zdarza, aby ktoś, kto nie zaznał trwałej przyjaźni był dobrze przygotowany do związku o charakterze seksualnym. Małżeństwo nie jest konieczne do szczęścia (pewnie dlatego nie jest obowiązkowe), ale pewna doza miłości owszem, a tę naprawdę można znaleźć we właściwym związku przyjacielskim. Zachodzi tu zresztą ciekawy paradoks: osoba, która dzięki prawdziwej, opartej na solidnych podstawach przyjaźni z przedstawicielem tej samej płci zaczyna uwalniać się od napięć – przestaje bowiem zamartwiać się tym, czy znajdzie wymarzonego partnera życiowego – okazuje się nagle ku swemu zdziwieniu dużo bardziej atrakcyjna dla płci przeciwnej.

Istnieje i inna przyczyna, dla której należy kłaść raczej nacisk na przyjaźnie niż na romanse: biorąc pod uwagę realność takich zjawisk, jak rozwód i śmierć, większość nas zmuszona będzie przeżyć przynajmniej część życia bez współmałżonka. Dlatego kiedy ktoś mi mówi, że nie potrzebuje przyjaciół, bo jedynego i najlepszego przyjaciela ma w żonie, przyjmuję tę deklarację bez szczególnego entuzjazmu. Uważam, że ten człowiek nie docenia ważności zdrowych głębokich przyjaźni. Jest przecież rzeczą stwierdzoną, że pojedyncza osoba w żaden sposób nie może wypełnić wszystkich naszych potrzeb emocjonalnych. Oczekiwać tego od współmałżonka to wymagać rzeczy niemożliwych. A co będzie, gdy broń Boże, zabraknie ukochanej żony? Boję się o tym myśleć. Tak, partner małżeński powinien być najlepszym i najbliższym przyjacielem, ale na pewno nie jedynym.

Jak więc stworzyć sobie krąg trwałych przyjaźni? Większość moich pacjentów uważa, że cały problem tkwi w znalezieniu takiego miejsca, w którym można by poznać nowych ludzi. Nie o to jednak chodzi. Sprawa polega nie na nawiązywaniu nowych znajomości, ale na pogłębianiu tych już istniejących. Mamy znajomych, których można podnieść do rangi przyjaciół, i takich przyjaciół, którzy zasługują na awans do grona „serdecznych". Być może, na pozór łatwiej rozpocząć wszystko od początku z kimś nowo poznanym, ale najczęściej bywa tak, że najlepsze, najprawdziwsze źródło miłości bije w doskonale znanym nam kręgu rodziny i przyjaciół.

Znaczenie rodziny

Część kobiet wpada w panikę pod wpływem lektury różnych sondaży i badań socjologicznych, które kończą się zazwyczaj wnioskiem: kobieta po trzydziestce, zwłaszcza z dyplomem uniwersyteckim, ma dość nikłe szanse na zamążpójście. Osobiście jestem większym optymistą pod tym względem, bo oglądałem niejedną taką panią na ślubnym kobiercu. Prawdą jest natomiast, że obecnie trudno liczyć na stuprocentową trwałość przyjaźni, na to, że pozostanie się w jej kręgu do końca życia, i właśnie dlatego tak wielkie znaczenie ma szersza, bardziej rozgałęziona sieć związków rodzinnych, która zapewnia nam oparcie psychiczne i uczuciowe. Ważną gałęzią tej sieci jest dalsza rodzina – ciotki, wujowie, siostrzeńcy, kuzynostwo, dziadkowie.

Pewna moja znajoma, obecnie 45-letnia pani, mawia, że każde odwiedziny u rodziców w Indianie wywołują w niej „mieszane uczucia". Nawiązuje wtedy kontakty z rozmaitymi krewnymi, o których wie, że ich więcej nie zobaczy, a rodzice... cóż, z rodzicami jest zawsze tak samo: co najmniej raz musi się z nimi pokłócić.

– Ale to jednak ważne, żeby trochę pobyć z rodziną – mówi. – Przyglądam się dziwactwom mojej babci, zachowaniu rodziców i już wszystko wiem: Aha, to po nich mam tę cechę, to dlatego tak reaguję! Czasami mówię sobie: Oj, dobrze, że odziedziczyłam to w spadku, ale tamto, o nie! Tamtego muszę się pozbyć! Wracając do domu czuję, że teraz lepiej znam siebie. W jakiś sposób jaśniejsze staje się dla mnie to, kim jestem, jakie są moje korzenie i do czego dążę.

Wspomniana znajoma to mądra kobieta. Tylu z nas przecięło więzy z własną przeszłością, przenosząc się na odległość setek kilometrów od rodzinnego domu! Postępujemy tak, jakbyśmy pochodzili z Kosmosu, jakby nigdy nie istniały nasze korzenie: przodkowie, którzy przekazali nam nazwisko, rodzinne skłonności, charakterystyczne cechy fizyczne. Tak, rodzina to „worek z mieszaną zawartością" – jak mawia moja znajoma – ale ludziom potrzebne są związki z całym pokoleniowym dziedzictwem. Dzięki nim człowiek uświadamia sobie sprawy proste, a wielkie: że komuś jest dobrze znany, że ktoś dał mu nazwisko, że cały rodzinny klan pamięta jego imię. Takie związki umacniają nasze bezpieczeństwo psychiczne, bo jak powiada znany amerykański pisarz John Dos Passos: „Świadomość więzi pokoleniowej jest jak lina ratunkowa, która znika, zanim zdołamy ją zarzucić na ten straszliwy ląd teraźniejszości".

Nie znam innego sposobu tak doskonale umacniającego pewność siebie, jak właśnie rozległa sieć przyjacielskich związków, pełnych akceptacji i miłości. Osoby przychodzące do mnie po poradę są często w opłakanym stanie nie z innego powodu, jak tylko z braku miłości. Ci ludzie wprost krzyczą całą swoją postawą: „Błagam, niechże mnie ktoś pokocha!" Poprawa następuje dopiero wtedy, kiedy się uspokajają, przestają żebrać o miłość i sami zaczynają kochać. Trzeba znaleźć w swoim otoczeniu człowieka, któremu można by wyświadczyć przysługę, posłać mu słowo otuchy, otoczyć ramieniem, może nawet pokochać. Kiedy próbujemy rozpostrzeć „przyjacielską siatkę" jedynie dla korzyści, które sami mamy nadzieję odnieść, sprawa zwykle kończy się fiaskiem, ale gdy zaczynamy szukać ludzi potrzebujących, gdy jako pierwsi ofiarowujemy im uczucie – miłość sama nas zaskakuje swą potęgą, niczym powracająca fala.

Zaskarbiaj sobie przyjaźń ludzi, którzy pomogą ci rozwijać się _____

*Wymagać od ludzi, żeby nas kochali,
bo sami nie umiemy kochać siebie,
to żelazna gwarancja kolejnej porażki.*

Judith Viorst[*]

Jak sobie radzić z odrzuceniem

Dam jej na imię Brenda, chociaż wiele kobiet pasowałoby do tego opisu. Kiedy ją poznałem, przypominała wystraszonego ptaka. Była uderzająco piękna, inteligentna, elegancka, więc dopiero kiedy zaczęła mi opowiadać o swojej samotności, fatalnych stosunkach z ludźmi, zrozumiałem, jak bardzo jest nieszczęśliwa, jak rozpaczliwie tęskni za kimś, kto ofiarowałby jej miłość.

Kiedy przed laty po raz pierwszy w swojej praktyce zetknąłem się z kobietami podobnymi do Brendy, skłonny byłem przypuszczać, że przesadzają, przedstawiając mi swoją sytuację w tak ponurych barwach. To niemożliwe

---

[*] Judith Viorst (ur. 1931) – pisarka amerykańska, autorka książek dla dzieci, utworów poetyckich oraz licznych publikacji w magazynie „Redbook".

– myślałem. – Taka ładna kobieta musi mieć wielbicieli na kopy i tyle samo okazji do zakochania się. Ten pochopny wniosek świadczy tylko o mej ówczesnej naiwności: zupełnie nie miałem pojęcia, jakie kobiece walory najbardziej działają na mężczyzn. Prowadząca na ten temat badania Alexandra Penny poprosiła stu panów o zdefiniowanie słowa „seksowna". Oto siedem określeń najczęściej powtarzających się w ich odpowiedziach: „pewna siebie", „opanowana", „inteligentna", „polegająca na sobie", „życzliwa", „kobieca", „swobodna". Piękno twarzy i zmysłowe kształty znalazły się na samym dole listy; nikt nie odpowiedział, że pragnie dziewczyny o wyglądzie modelki.

Jak to się stało, że Brendzie obdarzonej tyloma walorami zewnętrznymi zabrakło pewności siebie, która – jak widać – szczególnie pociąga mężczyzn? Uporczywie tkwi jej w pamięci bolesne doświadczenie z okresu dojrzewania. W wieku lat dziewięciu urosła nagle o prawie trzynaście centymetrów, w szkole średniej też była najwyższą dziewczyną w klasie. Przestała wreszcie rosnąć, osiągnąwszy 180 centymetrów. Teraz, gdy jest dojrzałą kobietą, wzrost ten znakomicie uwydatnia jej urodę, ale Brenda nie może w to uwierzyć, tak jak nie potrafi wyrzucić z pamięci wspomnień ze szkolnych zabaw, kiedy to wszystkie jej koleżanki porywano do tańca, a ona jedna tkwiła pod ścianą.

– Pan pewnie nie wie, jak to jest, doktorze McGinnis, kiedy dziewczyny na zabawie nikt nie zaprosi do tańca. Tylko jej! – mówi z goryczą. – Człowiek czuje się w takiej sytuacji jak śmieć.

I oto mamy kobietę, w której siedzi coś, jakby pasażer na gapę: bojaźliwe, strasznie nieśmiałe dziecko nieustannie ostrzegające ją przed sytuacjami grożącymi kolejnym odrzuceniem. W rezultacie tego wszystkiego Brenda stała się zalęknioną, zamkniętą w sobie istotą. Bardzo rzadko decyduje się pójść gdzieś, gdzie może poznać jakichś mężczyzn, a kiedy już zupełnie wyjątkowo zgadza się z kimś umówić, jest chłodna i pełna rezerwy. Zwija też żagle natychmiast, gdy tylko na horyzoncie takiej znajomości pojawi się najmniejsza chmurka. Nietrudno to zrozumieć – Brenda dobrze pamięta ból odrzucenia; gotowa jest zrobić wszystko, byle go już nie doświadczać.

Mój znajomy imieniem Harry od czterech lat, to jest od chwili, gdy porzuciła go żona, prawie nie wychodzi z sutereny, gdzie ma swój podręczny warsztat. Kiedyś był z niego człowiek szalenie towarzyski, żartowniś, doskonały mąż i ojciec uwielbiający nadmorskie rodzinne pikniki, ale gdy Joan wystąpiła o rozwód, coś w nim pękło. Nie spotyka się z kobietami, rzadko odwiedza dzieci (a kiedy to robi, jest przygaszony i milczący), telefonów od znajomych nie odbiera, pozostawiając to automatycznej sekretarce.

Można by pomyśleć, że to złość i gorycz każą mu pędzić ten pustelniczy żywot, ale nie, Harry nie jest zgorzkniały, znajduje się tylko w głębokiej depresji. Nabrał przeświadczenia, że jeśli ta, która znała go jak nikt w świecie, nie chciała dłużej dzielić z nim życia, to co dopiero jakaś obca kobieta! Nie ma szans żadnej się spodobać. A przyjaciele, dzieci? Cóż, dzwonią do niego z litości.

Chociaż nie wszyscy jesteśmy aż tak pokiereszowani psychicznie jak Brenda czy Harry, to jednak każdy zaznał odrzucenia, a co ważniejsze, zakosztuje go niechybnie znowu – i to nie po raz ostatni. Dlatego tak ważne jest to, czy potrafimy radzić sobie z odrzuceniem. Można powiedzieć, że wśród czynników kształtujących nie tylko wizerunek własny, ale i decydujących o życiowych sukcesach ten należy do najważniejszych. I tu miłość po raz kolejny staje się drogą wiodącą ku pewności siebie. Pamiętaj:

NIE TRAĆ INICJATYWY, NIE DAWAJ ZA WYGRANĄ, NAWET JEŚLI SPOTKAŁO CIĘ ODRZUCENIE.

Jest to zresztą kardynalna zasada postępowania, dotycząca nie tylko związków uczuciowych, lecz i wszelkich w ogóle przedsięwzięć. Podczas seminarium dla szefów firm marketingowych, dla których miałem jeden wykład, poznałem pewnego kierownika przedsiębiorstwa handlowego, który całe życie zajmował się sprzedażą – z ogromnym, trzeba dodać, powodzeniem. Trochę mnie to zdziwiło, bo z początku nie dostrzegłem w nim cech kojarzących się dość powszechnie z dobrym handlowcem. Głos miał bardzo wysoki, trochę nawet piskliwy, a mówił tak szybko, że chwilami trudno go było zrozumieć. Jego uściskowi dłoni brakowało energii, nie demonstrował też obowiązkowo otwartego spojrzenia „prosto w oczy", przeciwnie, wydawał się raczej nieśmiały.

– Dzięki czemu odniósł pan takie sukcesy? – zapytałem.

– O tym, czy jest się dobrym sprzedawcą, decyduje tylko jedno – odpowiedział. – To, czy człowiek umie przyjąć odmowę. Tak, to jest ten jedyny warunek sukcesu. Bez niego nie ma o czym marzyć.

Dokładnie tak samo jest z miłością i przyjaźnią. Znam wielu ludzi odrzuconych – mają za sobą nieudane romanse, rozwody, żyją w poróżnionych rodzinach. Na skutek tych niedobrych doświadczeń stają się coraz ostrożniejsi, coraz bardziej przekonani o tym, że i inni potraktują ich w ten sam sposób. I tak powstaje błędne koło: im bardziej boją się odrzucenia, tym częściej ich ono spotyka. Stopniowo zamykają się w sobie, co ludzie postronni biorą za rezerwę i co ich dokładnie zraża, więc odrzucenia sypią się już teraz lawinowo, pechowiec zaś otacza się pancerzem zupełnie nie do przebicia.

Nieporozumieniem byłoby sądzić, że zwątpienie w siebie zawsze wyrasta, jak to niektórzy sugerują, na podłożu urazów z dzieciństwa. Philip G. Zimbardo, psycholog, profesor Uniwersytetu Stanford, który prowadził dziesięcioletnie badania nad przyczynami nieśmiałości, stwierdził wprawdzie, że całe 40 procent Amerykanów uważa się za wolnych od tej cechy, ale odkrył też rzecz zadziwiającą: aż 25 procent „nieśmiałków" podało, że nabawiło się tej przypadłości już w wieku dojrzałym.

Zdarzają się jednak i odwrotne wypadki: ludzie ciężko doświadczeni przez swoich bliskich, którzy wyszli z tej próby nawet bardziej opanowani i dużo bardziej skorzy do miłości.

Jest ósma wieczorem, rzecz dzieje się w audytorium Grace Rainey Rogers w Metropolitan Museum of Art w Nowym Jorku. Zza kulis wyłania się pani po sześćdziesiątce i szybkim krokiem zmierza ku środkowi estrady. Sala wypełniona po brzegi, bilety na cały cykl prelekcji wyprzedano na pół roku z góry – tak jest zawsze, gdy Rosamond Bernier wygłasza swoje bogato ilustrowane wykłady. Tak samo wygląda sytuacja w innych znakomitych instytucjach, które rokrocznie przesyłają jej swoje zaproszenia – National Gallery w Waszyngtonie, Institute of Arts w Minneapolis, County Museum of Art w Los Angeles – żeby wymienić tylko najsłynniejsze. Sama pani Bernier powiada, że za mniej niż pięć tysięcy dolarów obecnie „nawet nie otwiera ust", a zaproszeń ma więcej, niż może przyjąć. Calvin Trillin tak pisze o niej na łamach „New Yorkera":

Rosamond Bernier jest jak wytrawna aktorka. Robi to czterdzieści, pięćdziesiąt razy do roku, a potrafi przez cały wieczór płynąć po oceanie wiedzy z taką pewnością siebie, brawurą i błyskotliwością, że nie ma mowy o nudzie. (...) Głos jej emanuje takim ożywieniem, że publiczność zamienia się w słuch. Życie jest wspaniałe – można wyczytać między wierszami – a jeśli nawet czasami niezupełnie, to są przecież ludzie – wielcy malarze i nie tylko – dzięki którym wydaje się lepsze.

Czy Rosamond Bernier zawsze „była na fali", zawsze jej się tak wiodło? Skądże! Życiowy dramat naszej bohaterki dobrze znany jest w kręgu ludzi sztuki i on to właśnie tworzy wokół jej osoby aurę pewnej niezwykłości. Porzucona przez męża, który rozwiódł się z nią po dwudziestu latach małżeństwa, Rosamond Bernier została nagle pozbawiona wszystkiego, co miało dla niej jakiekolwiek znacznie: paryskiego apartamentu, wiejskiej posiadłości z ogrodem, a co najgorsze, magazynu poświęconego sztuce, założonego i wydawanego przez wiele lat wspólnie z mężem. Patrząc na nią dzisiaj, trudno uwierzyć, że to ta sama Rosamond, którą wstrząs i rozpacz przyprawiły o dwuletnią niezdolność do wszelkich uczuć. Dopiero w roku 1969 Michael Mahoney, historyk sztuki, usłyszawszy przypadkiem, w jaki sposób Rosamond objaśnia znajomej surrealizm, zachwycił się zarówno jej entuzjastycznym stosunkiem do przedmiotu, jak i świetnie podanymi anegdotami. Nic nie mówiąc zainteresowanej, załatwił jej cykl czternastu wykładów w Trinity College w Hartford. Dowiedziawszy się o tym zdrętwiała, ale już po pierwszej prelekcji stało się jasne, że potrafi przykuć uwagę słuchaczy. Tak zaczął się jej „cudowny" powrót do świata i nowa, wspaniała kariera. Rosamond otrzymuje dziś mnóstwo listów od kobiet, prawie każdy zawiera takie zdanie: „Pani przykład daje mi nadzieję". Jej drugie małżeństwo z Johnem Russellem, czołowym krytykiem sztuki, głównym recenzentem „New York Timesa", okazało się szczęśliwe. Od kobiet, które spotkał los podobnie niefortunny, jak niegdyś ją, Rosamond odbiera wyrazy podziwu głównie za to, że jako osoba w średnim już wieku potrafiła tak wspaniale odbudować swoje życie, że nie stała się ofiarą, nie zamknęła się w sobie.

Zamknięcie się w sobie, częściej niż cokolwiek innego, jest przyczyną samotności wielu ludzi. Jakie zastosować tu antidotum, inaczej mówiąc, jak radzić sobie z odrzuceniem, by nie wyrządzało ono takich spustoszeń w naszym mniemaniu o sobie? Należy w tym celu przyjąć kilka ważnych założeń strategicznych:

Założenie 1: Bądź przygotowany na odrzucenie. Kończy się nagle jakiś bliski związek, ktoś dotąd życzliwy staje się niemiłym złośliwcem, a serdeczny znajomy zmienia się w opryskliwego zarozumialca. Nie spodziewałeś się tego, więc atak ugodził cię mocniej, boleśniej. Jednak pamiętaj, że każdemu, kto próbuje zrobić dla siebie coś ważnego, odmienić jakoś swoje losy, muszą się zdarzać potknięcia, to rzecz zwykła, a pewne związki umierają śmiercią naturalną – usychają na podobieństwo roślin. Kiedy wyciągasz rękę do człowieka, a ten ją z pogardą odtrąca, pamiętaj, że i to się zdarza.

Powiedzmy, że poznaję osobę, z którą chciałbym się zaprzyjaźnić. Załóżmy, że nie wchodzi tu w grę żaden flirt. On czy ona to po prostu ktoś, kto budzi moją sympatię. Zaczynam zabiegać o względy tej osoby, wyciągam rękę, ale druga strona przejawia małe oznaki zainteresowania. Próbuję jeszcze kilkakrotnie – proponuję kolację, zapraszam do domu, niestety, moja inicjatywa za każdym razem zostaje odrzucona. Czy to koniecznie musi oznaczać, że wina leży po mojej stronie, że ze mną coś nie w porządku? Nie. Być może tamtej osobie okoliczności życiowe tak się ułożyły, że gdybym wystąpił ze swą propozycją rok wcześniej albo rok później, spotkałbym się z bardzo przychylną reakcją, a teraz akurat nie. A może przy bliższym poznaniu okazałoby się, że niewiele mamy z sobą wspólnego i tak się składa, że ta druga strona zauważyła to wcześniej niż ja. I to też wcale nie znaczy, że jestem mało wart, że mam w sobie jakąś skazę.

Założenie 2: Rozważ, czy się nie mylisz. Może to, co bierzesz za odrzucenie, w rzeczywistości wcale nim nie jest. Smutna to rzecz, oglądając się za siebie dojść do wniosku, że z takich czy innych powodów człowiek sam zaprzepaścił szanse na miłość – na jej dawanie i branie. Na przykład pisarz i krytyk, Edward Dahlberg bardzo pragnął poznać osobiście Theodore'a Dreisera, ale długo nie śmiał przeszkadzać sędziwemu już, wielkiemu pisarzowi. „Gdybym do niego zadzwonił – rozmyślał – on pewnie odłożyłby słuchawkę, a ja poczułbym się śmiertelnie dotknięty." W końcu podjął to ryzyko, a Dreiser od razu zaprosił go do siebie. Oto przejmująca relacja Dahlberga z przebiegu ich dalszej znajomości:

> *Kontynuowałem spotkania z Dreiserem, wciąż jednak tkwiło we mnie przekonanie, że marnuje on ze mną swoje cenne godziny. W długi czas po jego śmierci przeczytałem, że w okresie, kiedy zawarliśmy znajomość, zmarł najbliższy przyjaciel Dreisera, a on sam miał nadzieję, iż ja, Edward Dahlberg, zajmę miejsce tej najbliższej osoby. Od tego czasu nawiedzają mnie gorzkie wyrzuty sumienia. Dobry Boże, Theodore Dreiser mnie potrzebował, tymczasem ja, który w każdej przyjaźni byłem zawsze takim żebrakiem, ja sobie nie uświadomiłem, jak strasznie byłem mu potrzebny!*

Założenie 3: Zrozum, że są ludzie, którzy odrzucą każdego. Może zdarzyć się tak, że ktoś odniósł kiedyś bolesny uraz i broniąc się przed powtórką tej sytuacji, odrzuca teraz każdego, kto się do niego zbliży. Trzeba powiedzieć sobie wtedy: nie jestem wyjątkiem. Wybrana przeze mnie osoba rewanżuje się światu za swój ból, rozdając ciosy na oślep. Mnie dostało się to, co należało się komuś innemu, trudno.

Jako doradca, wciąż spotykam się z osobami, o których można powiedzieć, że mają na sumieniu legiony, jeśli chodzi o liczbę odrzuconych przez siebie osób. Są to na przykład niepewni, trawieni gniewem mężczyźni, dokonujący ciągłych uwodzicielskich podbojów. Osiągnąwszy

172

cel, rzucają „zdobycz" i szukają następnej. Jeśli jakaś kobieta trafi kolejno na dwóch czy trzech takich facetów, zazwyczaj dochodzi do wniosku: Mam widać w sobie jakąś poważną skazę. Rzecz tymczasem ma się całkiem inaczej: padła ofiarą przypadku, który postawił jej na drodze kilku identycznych osobników, skrzętnie ukrywających przed nią swoje złośliwe zamiary.

Założenie 4: Ucz się z dotychczasowych doświadczeń. Tak to już jest, że ten, kto strzela do tarczy, nie zamartwiając się o wynik, trafia często w dziesiątkę. Czy to znaczy, że ma lekceważyć wszystko, czego się uczył przy poprzednich strzałach? Pewnie, że nie. Rozumowanie powinno przebiegać tak: Skoro już kilka razy zostałem odtrącony, kto wie, czy sam bezwiednie nie przyczyniam się do tego w jakiś sposób. Głupotą byłoby nie chcieć się dowiedzieć, co to takiego. Zakładając, że istotnie popełniłem jakieś błędy, uświadomiwszy je sobie, będę mógł zmienić coś w sobie lub w swoim postępowaniu, jeśli uznam to za stosowne. Mogę po prostu zapytać o to osobę, która odrzuciła moje starania, albo któregoś z przyjaciół, choć nie jest rzeczą łatwą postawić komuś pytanie typu: „Chyba nie wiedzie mi się w przyjaźni. Kolejny raz już coś knocę. Jak myślisz, na czym polega błąd?" Pytanie takie wystawia nieraz człowieka na wielką przykrość, ale gdy się na to odważy, ma szansę sporo się nauczyć.

Założenie 5: Przyznaj sobie prawo do gniewu. W pewnych sytuacjach osobie odtrąconej, która odkryła w swoim postępowaniu jakiś błąd, wypada przeprosić drugą stronę, ale bywa i tak, że stresujące sprawy odreagowujemy gniewem. Chcąc uniknąć posądzenia, że zachęcam do gniewu lub innych ostrych reakcji, przedstawię wypadek znajomej imieniem Joan. Jej małżonek, Stewart, nawiązał romans, co gorsza, z najbliższą przyjaciółką żony. A co na to Joan? Po pierwszym szoku i przepłakanej nocy wmówiła sobie, że wszystko, co się stało, to wyłącznie jej wina. Zadając gwałt swoim uczuciom, zadzwoniła do przyjaciółki i powiedziała, że rozumie w jaki sposób doszło do takiej sytuacji. Ma nadzieję, że mimo wszystko pozostaną w przyjaźni. Im dłużej Joan rozmyślała o swoim małżeństwie, tym bardziej utwierdzała się w przekonaniu, że straszliwie zawiodła męża, i to z niezliczonych powodów. Tego mu nie dawała, tamtego nie rozumiała... Nie spełniała jego potrzeb, ot, choćby te koszule: nigdy nie nadążała z ich prasowaniem. Po kilku tygodniach usilnej „pracy nad sobą" uznała, że to ona powinna przeprosić.

– Wybacz mi, że tak cię unieszczęśliwiłam – poprosiła.

– To ja pchnęłam cię w ramiona innej kobiety.

Stewart odrzekł, iż nad tym pomyśli.

Zanim zdążył dojść do jakiejś konkluzji, Joan popadła w depresję samobójczą – a powinna była przecież wpaść w gniew.

Założenie 6: Próbować do skutku. Ci, którzy przełykając gorycz odtrącenia, nie zaprzestają nawiązywania kolejnych związków uczuciowych, trafiają w końcu na właściwą osobę, z którą wreszcie wszystko się układa. Po drodze warto pamiętać, że każdy z nas podlega krytyce. Im większy budzimy podziw u jednych, tym ostrzej atakują nas drudzy, im lepiej nam się wiedzie, tym lepszy stanowimy cel. Nie ma sensu zamykać się w sobie, dlatego że nie znalazło się uznania w czyichś oczach. Należy postanowić: Niech mnie odtrącają tyle razy, ile muszą, ja i tak nie dam za wygraną. Będę próbował do skutku i znajdę wreszcie osobę, która obdaruje mnie miłością.

Nie trać inicjatywy, nie dawaj za wygraną, nawet jeśli spotkało cię odrzucenie _____

Sedno sprawy tkwi w czymś tak prostym i staroświeckim,
że aż wstydzę się o tym mówić z obawy przed urągliwymi
uśmieszkami uczonych cyników, którymi powitają
moje słowa. To coś jest po prostu miłością
– miłością w Chrystusie.

Bertrand Russell*

Pewność siebie
bez samouwielbienia

Czas omówić problem, na który natknęliśmy się już wielokrotnie w toku niniejszych rozważań: jak w procesie budowania pewności siebie ustrzec się grzechu pychy?

Pani Joan Kennedy na przykład tak oto oceniła siebie w rozmowie z dziennikarką kobiecego pisma „Ladies' Home Journal":

Mam talent. Wiem, że jestem inteligentna. W czasie studiów miałam same piątki. W dalszym ciągu wyglądam ładnie. Wiem też, że z powodu moich zalet jestem celem różnych ataków. Chcę przez to powiedzieć, że, no cóż, mój Boże, ma pani przed sobą, myślę, jedną z najbardziej fascynujących kobiet w tym kraju.

---

* Bertrand Russel – filozof i matematyk angielski, laureat Nagrody Nobla w roku 1950.

Zachwalanie siebie i wybujały egoizm tak powszechnie dochodzą dziś u nas do głosu, że zdążyliśmy się już prawie do tego przyzwyczaić, jednakże ostentacyjne samochwalstwo zawsze brzmi śmiesznie, zawsze pachnie fałszem lub czymś jeszcze gorszym. Słysząc coś takiego, zaczynamy intuicyjnie rozumieć to, przed czym wielokrotnie przestrzega nas Biblia: skłonność do bałwochwalczego samouwielbienia prowadzi prostą drogą do potępienia.

Antidotum na narcyzm

Jak więc zyskać pewność siebie bez domieszki samouwielbienia? Rozwiązanie tego problemu odnajdujemy w dwuczęściowej odpowiedzi Jezusa na pytanie faryzeusza o to, które z przykazań Boskich jest największe:

Będziesz miłował Pana Boga swego całym swoim sercem, całą swoją duszą i całym swoim umysłem. To jest największe i pierwsze przykazanie. Drugie podobne jest do niego: Będziesz miłował swego bliźniego jak siebie samego (Mt 22,37-39).

Słowa te to nie tylko olśniewająco zwięzłe streszczenie całego nauczania Bożego; mogą nam też one posłużyć za najcenniejszą wskazówkę psychologiczną – jakże elegancką w swojej prostocie. Pewność siebie trzeba koniecznie zaopatrzyć w dwie mocne kotwice: miłość-uwielbienie dla Boga i miłość-współczucie dla bliźnich.

Patrząc ponad siebie

Co do tej pierwszej kotwicy, Jezus nie mówi o regularnym uczęszczaniu na nabożeństwa. Nakłania nas raczej, byśmy trwali w żarliwym uwielbieniu i podziwie dla majestatu Bożego: „Będziesz miłował pana Boga swego całym swoim sercem, całą swoją duszą i całym swoim umysłem". Mowa tu o zjednoczeniu wszystkich sfer ludzkiego jestestwa w owym radośnie żarliwym oddaniu. W *The Book of Common Prayer* (Księdze Modlitwy Powszechnej) (rytuał anglikański – przyp. tłum.) czytamy, że powinniśmy „składać Bogu dzięki dla chwały Jego", bowiem wdzięczność bardziej należy Mu się za to, kim JEST, niż za wszystkie dobra, którymi nas obdarza. Takie wzniesienie się ponad siebie w uwielbieniu dla Boga oddala od nas pokusę nadmiernego koncentrowania się na sobie. Nie ma wszelako obawy, by ktoś stał się przez to człowiekiem słabym i niepewnym. Ludzie gorąco wierzący nie są słabi, przeciwnie, mają w sobie szczególnie wielką siłę.

Istota chrześcijańskiej pokory

Posiadanie takiej wewnętrznej siły jest sprawą bardzo ważną: niestety, przynajmniej część chrześcijan zdaje się myśleć, iż człowiek prawdziwie pokorny to ten, kto wciąż o sobie mówi, że jest niczym. Żyć po Bożemu to niekoniecznie chodzić zawsze ze spuszczonym skromnie wzrokiem, przepraszać, obrzucać samego siebie obelgami i poniżać. „Nie mam pamięci do nazwisk"; „Przepraszam, że pana niepokoję"; „Ach, ja chyba nigdy nie będę punktualna"; „O, w tym to ja jestem całkiem do niczego."

Biblia ani słowem nie zaleca takiej samodeprecjacji; z psychologicznego zaś punktu widzenia jest ona również rzeczą niebezpieczną. Jeśli pozwolimy takiej skłonności przerodzić się w nawyk, łatwo nabierze ona charakteru samospełniającej się przepowiedni. Wystarczy długo o czymś mówić, by pewnego dnia skonstatować: „Coś podobnego! Naprawdę nie pamiętam nazwisk, naprawdę stałem się niezręczny, naprawdę gorzej mi się wiedzie." Dlatego na wszelki wypadek lepiej wyrugować z codziennego słownictwa takie negatywne samooceny. Nie wypowiadajmy pod swym adresem słów, których spełnienia naprawdę sobie nie życzymy.

U niektórych ludzi samokrytycyzm przypomina niemal odruch warunkowy – jak gdyby ktoś specjalnie ćwiczył się w trudnej sztuce skromności. A tymczasem chrześcijańska pokora – powiada C. S. Lewis – nie wymaga od człowieka płaszczenia się czy dezawuowania swoich umiejętności, jak to uczyniła pewna pani na jakimś spotkaniu towarzyskim, gdy ją poproszono, by zasiadła do fortepianu: „Ależ nie, gram bardzo słabo, są tu na pewno inni, kórzy potrafią robić to dużo lepiej". Cytowana osoba, mówiąc tak, wiedziała doskonale, że w tym towarzystwie właśnie ona jest najlepszą pianistką. Taka postawa – dowodzi dalej C. S. Lewis – to nie pokora, tylko fałszywa skromność. Pokorą byłaby tu świadomość i satysfakcja, że się jest niezłą pianistką, aczkolwiek bez popadania z tego powodu w dumę, bo człowiek prawdziwie pokorny wie, że jego talent pochodzi od Boga. Tak, uwielbienie dla Najwyższego jest tą zasadniczą kotwicą, która trzyma na wodzy naszą pewność siebie, nie pozwalając jej przekształcić się w pychę.

Wciąż powtarzałem w tych rozważaniach, że to nasz obowiązek wysoko się cenić, widzieć w sobie dzieło rąk Boga, w cudowny sposób stworzone na Jego Boskie podobieństwo. Mamy ponadto pewność, że Pan darzy nas miłością, zna nasze imiona, troszczy się o naszą pomyślność, że przygotował nam miejsce w Królestwie Niebieskim, byśmy u Jego boku mogli żyć wiecznie. Świadomości tego wszystkiego nie dano nam przecież dla arogancji i pychy.

Odbyłem kiedyś podróż w interesach w towarzystwie pewnego przedsiębiorcy budowlanego. Jest to człowiek ogromnie sugestywny, świetny szef swojej ekipy, ktoś budzący zresztą respekt u wszystkich, niewątpliwie także i za sprawą swoich cech zewnętrznych – 195 centymetrów wzrostu, potężna budowa, dłonie wielkości rękawic bokserskich – ale nie tylko. Z mężczyzny tego emanuje dystynkcja i niezachwiana pewność siebie; otoczenie wyczuwa natychmiast, że osobnik ów ma żelazny charakter. Już w pierwszym dniu naszej podróży miałem okazję poznać naocznie „źródło" tej jego siły. Było to wieczorem. Zapaliłem lampkę przy łóżku i ułożywszy się na plecach, rozpostarłem przed sobą jakieś pismo. To taki mój wieczorny rytuał. Robię to zawsze przed spaniem chyba już od lat trzydziestu.

Mój towarzysz postąpił inaczej. Zapalił lampkę, ukląkł przy łóżku i zaczął cicho modlić się. Nie umiem opisać, co czułem, kiedy zerknąwszy mimo woli w bok, zobaczyłem go zatopionego w rozmowie z Najwyższym. Ktoś taki jak James Joyce nazwałby to chyba objawieniem – doświadczyłem jednej z tych rzadkich chwil, kiedy to spływa na nas olśnienie i wszystko nagle staje się jasne.

Patrząc wokół siebie

Uwielbienie Stwórcy to najlepsze antidotum na pychę. Kolej przyjrzeć się teraz temu, co w codziennym postępowaniu stanowi swoisty kontrapunkt dla pobożności. Myślę tu o miłosierdziu. Przykazano nam kochać bliźniego swego jak siebie samego. Powinniśmy więc darzyć miłością członków rodziny i przyjaciół, o czym była już mowa, Chrystus wszakże, nakazując nam kochać bliźnich, miał na myśli o wiele więcej, bowiem na pytanie urzędnika sądowego, kim właściwie są ci bliźni, odpowiedział przypowieścią o dobrym Samarytaninie. Kochać mamy wszystkich, którzy cierpią nędzę, jako też tych, którzy są nam obcy. John Gardner, założyciel „Wspólnej Sprawy" napisał:

Antidotum na nudę jest nie rozrywka, lecz służenie innym. Dopóki ktoś, najbardziej nawet pewny siebie, szuka okazji, aby służyć ludziom i świadczyć im miłość, dopóty nie grozi mu pycha. Kiedy pisarka, Evelyn Underhill, wybrała sobie na spowiednika znanego teologa, Freidricha von Hügela, udzielił jej następującej rady: Porzuć swoje uczone studia i poświęć dwa popołudnia w tygodniu ubogim z londyńskich slumsów. Zejście ze sterylnych klasztornych krużganków w obszar brudu i nędzy daje tę równowagę duchową, która jest nam dziś wszystkim szczególnie potrzebna. Współczesna kultura masowa z jej obsesyjnym egotyzmem prześciga się w podsuwaniu nam całkiem innego modelu postępowania: miej „wszystko", znajdź szczęście, zapominając o rodzinie, przyszłych pokoleniach, obowiązkach społecznych. Ja, ja i jeszcze raz ja.

Henri Nouwen, katolicki duchowny, przez wielu z nas podziwiany autor bardzo sugestywnych prac z zakresu teologii i psychologii, uczynił gest bardziej wymowny od całej swej teoretycznej argumentacji, gdy w sierpniu 1985 roku opuścił stanowisko harvardzkiego wykładowcy, aby się udać do Francji i tam poświęcić pracy w małej kolonii dla chorych psychicznie. Nim do tego doszło, Nouwen kilka lat wcześniej poznał Jeana Vaniera, założyciela „l'Arche" – sieci wspólnot dla ludzi z zaburzeniami emocjonalnymi. Zaczęło się to w roku 1964 od domu w Trosly--Breuil, małej wiosce nie opodal Paryża, dokąd Vanier postanowił sprowadzić Raphaela i Phillippe'a, dwóch długoletnich rezydentów szpitali psychiatrycznych, całkowicie pozbawionych rodzin i przyjaciół. Jean Vanier postanowił stworzyć im dom. Wiedział, że to nieodwracalna decyzja, że w żadnym razie nie będzie mógł odesłać tych ludzi do miejsc ich dotychczasowego pobytu.

Pierwszy dom otrzymał nazwę „l'Arche" – arka – bo miał być czymś w rodzaju arki Noego, schronieniem dla zdjętych trwogą ludzi. Jean nie planował zainicjowania całego ruchu ani stworzenia jakiejś wielkiej organizacji

– zwyczajnie wziął pod opiekę dwie zupełnie bezradne istoty – lecz oto z różnych stron świata zaczęli zjeżdżać się ludzie, ofiarowując mu pomoc. Był wśród nich Henri Nouwen, najwyraźniej szukający ucieczki od jałowego intelektualizmu harvardzkiego Wydziału Teologii. Doszedł do wniosku, że woli raczej poświęcić swój czas ludziom, którym potrzebna jest jego pomoc. Będzie ich kąpać, gotować dla nich posiłki – służyć im z całego serca.

Nie każdy oczywiście może rzucić wszystko i oddać się takiej pracy, ale też chrześcijańska służba niekoniecznie musi być zaraz aktem wielkiego heroizmu, nieporównanie częściej jest po prostu gestem zwykłej ludzkiej serdeczności. Nawet osobom zupełnie obcym możemy dać w ten sposób odrobinę radości czy ulgi. Pewien mój znajomy handlowiec na każdy dzień wyznacza sobie dwa zadania: zrobić coś, czego bardzo nie lubi i za wszelką cenę wyświadczyć komuś przysługę, ale tak, aby nikt w jego osobie nie rozpoznał swego dobroczyńcy.

Jakiś dziennikarz spytał kiedyś Matkę Teresę, czym mierzy sukcesy i porażki w swojej działalności. Odpowiedziała, że nie sądzi, aby Bóg operował takimi kategoriami, jak sukces albo porażka. Miarą wszystkiego jest odpowiedź na pytanie: Jak bardzo kochasz?

Swoją drogą to naprawdę ciekawe, ile też szacunku mają dla siebie ludzie tacy, jak Matka Teresa czy Henri Nouwen, którzy przecież dają innym tyle miłości. Podejrzewam, że chyba o tym w ogóle nie myślą. Pewnie każdego ranka z zapałem zrywają się co prędzej z łóżka, bo oboje żyją modlitwą i służbą. Tak dużo stoi przed nimi codziennych zadań, że nie mają czasu ani badać swoich stanów emocjonalnych, ani myśleć o tym, czy są dziś jakoś szczególnie zadowoleni. Zbyt wiele czasu zajmuje im rozdawanie miłości.

Głowimy się nieraz nad tym, co miał na myśli Jezus mówiąc, że aby się odnaleźć, trzeba najpierw utracić siebie.

Dopiero gdy widzimy kogoś takiego, jak Matka Teresa, Henri Nouwen, czy też wspomniany przeze mnie handlowiec, doświadczamy przebłysku zrozumienia. Każde z tych trojga obdarzone jest bardzo silną wolą, która jednak nie prowadzi do rozwoju egotyzmu. Dlaczego? Bo poświęcili się bez reszty miłości Boga i bliźnich.

Nie co innego, lecz właśnie miłość do Boga tworzy fundament naszej tożsamości. Jest ona dla nas źródłem wielkiego pokoju wewnętrznego, a zarazem takim punktem odniesienia, który zapewnia równowagę całej naszej osobowości. Dzięki temu właśnie potrafimy zwrócić się ku innym i ofiarować im siebie. Zakrawa to na paradoks, że takie oddanie się bliźnim nie tylko nie zagraża naszemu wyobrażeniu o sobie, ale je wyraźnie umacnia. Widać jest to paradoks pozorny. Za najbardziej jednak zdumiewającą cechę miłości – jak pisze psycholog, Rollo May – trzeba uznać to, że najskuteczniej prowadzi ona do zrozumienia swojej wartości. Pewność siebie, podobnie jak szczęście, potrafią nam umknąć, gdy czynimy je celem samym w sobie, bardzo lubią natomiast być jakby produktem ubocznym innego działania. Oto zatracamy się w służbie dla innych i nagle pewnego dnia otwieramy oczy z poczuciem wielkiej pewności siebie i szczęścia.

* * *

To, co rozpocząłem jako rzecz o różnych sposobach postrzegania siebie, okazuje się w końcu książką o miłości, i nic dziwnego. Czyż nie z tego, że kochamy i jesteśmy kochani, czerpiemy najwięcej pewności siebie? Czyż nie miłość Najwyższego jest tą ostateczną wartością, która nadaje wszystkiemu właściwe proporcje?

Ciekawe, że miłość i śmiech tworzą dobraną parę. Gdy przeżywamy pierwszą młodzieńczą miłość, niemal wszystko wydaje się zabawne, a każde śmieszne wydarzenie wywołuje u zakochanego ochotę, by paść tej drugiej w objęcia. O spotkaniu dobrych przyjaciół informują często gromkie wybuchy serdecznego śmiechu. Prawdziwie zbawienną korzyścią płynącą ze zdrowej pewności siebie jest umiejętność traktowania swoich słabości z uśmiechem, bawienia się nimi tak, jakby należały do kogoś innego.

Parę lat temu brałem udział w specjalistycznej dyskusji zorganizowanej przez jedną z chrześcijańskich sieci telewizyjnych. Przed wejściem do studia opanowała mnie trema: niepokoiłem się nie tylko z powodu tego, co i jak mam powiedzieć, ale też odrobinkę o to, co pomyślą o mnie widzowie. Podczas „normalnych" prelekcji mówię wprawdzie otwarcie o swojej wierze, nie zawsze używam jednak tradycyjnego „uduchowionego" słownictwa. Teraz pomyślałem, że może ktoś uzna to za niestosowne. Martwiła mnie poza tym moja powierzchowność: miałem ponad piętnaście kilogramów nadwagi i strategiczny guzik przy marynarce był zawsze zagrożony.

Po chwili dołączył do nas jeszcze jeden uczestnik dyskusji – mężczyzna dużo ode mnie grubszy. Ten człowiek przez cały czas śmiał się – jak opętany – a mimo to on właśnie miał okazać się gwiazdą programu. Teraz był już na wpół emerytem, dowiedziałem się jednak, że kiedyś z wielkim powodzeniem działał chyba w pięciu różnych dziedzinach. Przed kamerą nie starał się ukryć wydatnego brzucha – siedział na brzegu krzesła i wywijał rękami, nie zwracając żadnej uwagi na rozpiętą marynarkę i przemieszczający się stale krawat. Jak już mówiłem, śmiał się, mało tego, wydawał głośne pomruki niezadowolenia, grzmiał jak trąby anielskie, a oczy błyszczały mu to zdumieniem, to uciechą. Słowem, był cudownie spokojny i pewny siebie, a przy tym nie przybierał żadnych póz ani przez chwilę nie starał się uchodzić za kogoś lepszego, mądrzejszego, wybitniejszego.

W kręgach religijnych dużo mówi się o „stanie permanentej modlitwy", a także o regularnym odmawianiu pacierza wraz z całą rodziną, tymczasem nasz współdyskutant otwarcie przyznał się przed całym światem, że nie przestrzega tych praktyk.

– Prawdę mówiąc – oświadczył do kamery – oboje z Harriet, moją żoną, próbowaliśmy na różne sposoby wspólnie się modlić, ale w ogóle nam to nie wychodziło. Razem umiemy modlić się tylko w łóżku. Obejmujemy się, wspólnie modlimy, a potem leżymy przytuleni do siebie i tak jest dobrze.

Z równą szczerością opowiadał o swych największych życiowych porażkach. Zdjęto go na przykład z dość wysokiego stanowiska.

– Oznajmiono mi, że aby cała sprawa nie wyglądała tak źle, oficjalnie poda się jako powód moją rezygnację, ale w niedzielę koniecznie mam opróżnić biurko, nie będzie wtedy niepotrzebnych pytań. Ha! Nigdy dotąd nie wylano mnie z pracy!

– Czy wstrząsnęło to panem? – zapytał gospodarz programu.

– Czy wstrząsnęło?! – wykrzyknął. – Poszedłem do domu i wlazłem z głową pod kołdrę. Leżałem tak przez dwa dni. Ale moja żona mnie kocha. Wiedziała, że musiałem coś sknocić i cierpliwie czekała, aż się z tego otrząsnę. To kobieta wielkiego ducha, a mnie kocha z całym dobrodziejstwem inwentarza.

Patrząc na niego zrozumiałem, jak mały związek mają nasze cielesne kształty z tym, co nazywamy atrakcyjnością. Miliony Amerykanek śledzących wywody tego naprawdę mocno przygrubego faceta pewnie dałyby wszystko, żeby mieć takiego męża. Bo tak to już jest, że lubimy mieć przy sobie osobników na luzie, którzy umieją śmiać się i kochać, a już na pewno wolimy ich od chłodnych, zamkniętych w sobie ascetów, którym wyraźnie brakuje pewności siebie.

Ten przypadkowy znajomy, z którym z czasem się zaprzyjaźniliśmy, to dobry przykład zdrowego stosunku do samego siebie. Nie traktuje swej osoby śmiertelnie poważnie, szczerze mówi o swoich wadach, no i chętnie się z siebie śmieje, a przecież ile w nim godności! Poczucie własnej wartości płynie u niego z wiedzy, że jest dzieckiem Bożym; z tego też powodu nie rozmienia swego życia na drobne, przeciwnie, sporo czasu poświęca służbie dla innych, a pewnych ludzi napotkanych na swojej drodze darzy wyjątkowo gorącą troską. Swych wzlotów i upadków również nie traktuje zbyt serio – ot, przychodzą i odchodzą. Najważniejsze to służyć Bogu, robić, co się umie najlepiej, w miarę swoich możliwości, a jeśli nadejdzie radość – chwytać ją obiema rękami.

Spis treści

Księgarnie patronackie Oficyny „Vocatio"

- **Warszawa** Księgarnia „Biblos"
  ul. Puławska 114
  Księgarnia „Carpe Diem"
  ul. Górczewska 24
  Księgarnia „Agape"
  ul. Sienna 68/70
- **Białystok** Księgarnia „Logos"
  ul. Dąbrowskiego 1
- **Bielsko-Biała** Księgarnia
  „Oświata"
  ul. 11 Listopada 33
- **Bydgoszcz** „Księgarnia
  św. Hieronima"
  pl. Kościeleckich 7
- **Giżycko** Księgarnia
  „Gaudium et Spes"
  ul. Warszawska 7
- **Kalisz** „Księgarnia
  ekumeniczna"
  ul. Mariańska 1
- **Kętrzyn** Księgarnia
  „Słowo Życia"
  ul. Słowackiego 11

- **Kraków** Księgarnia „Hosanna"
  ul. Lubicz 4(
  Księgarnia „Arcus"
  ul. Zapolskiej 3£
- **Lublin** Księgarnia „Źródło"
  ul. Filaretów ?
- **Łódź** Księgarnia „Logicon"
  ul. Piotrkowska 28:
  Księgarnia „Pro Futuro"
  ul. Jaracza 95/9?
- **Poznań** Księgarnia „Soter"
  ul. Ratajczaka 2£
- **Tarnów** Księgarnia „Veni"
  ul. Rejtana 1:
- **Ustroń** Księgarnia „Shalom"
  ul. Daszyńskiego 25
- **Wisła** Księgarnia „Jack"
  ul. Tartaczna ?
- **Wrocław** Księgarnia „Credo"
  ul. Kłodnicka 2

Księgarnie z pełną ofertą Oficyny „Vocatio"

- **Warszawa** Księgarnia „MDM"
  ul. Piękna 31
  Księgarnia PAX
  ul. Piękna 16
  Księgarnia „Papirus"
  ul. Belgradzka 20
  Księgarnia „Bestseller"
  ul. Modzelewskiego 81
  Księgarnia „Fundacja Pomocy
  Bibliotekom Polskim"
  ul. Hoża 29/31
  Księgarnia „Leksykon"
  ul. Nowy Świat 41
  Księgarnia Naukowa
  ul. Krakowskie Przedmieście 7
  Księgarnia Archidiecezjalna
  im. Jana Chrzciciela
  ul. Krakowskie Przedmieście 52/54
  Księgarnia Gebethner i s-ka
  ul. Targowa 48
  Księgarnia Gebethner i s-ka
  ul. Andersa 12
  Kiosk „Norka"
  ul. Żabińskiego 16
- **Augustów** Księgarnia „Atena"
  Rynek Zygmunta Augusta 26
- **Białystok** Księgarnia „Akcent"
  Rynek Kościuszki 17
  Księgarnia „Dom Książki"
  ul. Liniarskiego 5
- **Bytom** Księgarnia
  pl. Wolskiego 4
- **Cieszyn** Księgarnia Biblijna
  „Logos"
  ul. Wyższa Brama

- **Ełk** Księgarnia Diecezjalna
  ul. Kościuszki 16
- **Kościerzyna** Księgarnia
  „Unicus"
  ul. Wodna 13
- **Kraków** Księgarnia „Elefant"
  ul. Podwale 6
  Księgarnia „Emmanuel"
  ul. św. Gertrudy 3
  Księgarnia „W drodze"
  ul. Stolarska 10
- **Łódź** Księgarnia E. Stompel
  ul. Piotrkowska 11
  Księgarnia Archidiecezjalna
  ul. ks. Skorupki 13
  Księgarnia „Światowid"
  ul. Piotrkowska 86
- **Olsztyn** „Centrum Książki"
  pl. Wolności 2/3
- **Piotrków Trybunalski**
  Księgarnia „Auro"
  ul. Wojska Polskiego 36
- **Szczecin** Księgarnia „Scriptum"
  ul. Mazurska 26
  Księgarnia św. Ottona
  ul. Papieża VI 2a
  Księgarnia „Educatio"
  al. Wyzwolenia 105
  Kościół Zielonoświątkowy
  ul. Wawrzyniaka 7
  Księgarnia A.B.K. Merklain
  ul. Jagiellońska 764

Autoryzowani dystrybutorzy Oficyny „Vocatio"

- **Warszawa** Centralny Skład Wydawnictw „Vocatio"
  00-825 ul. Sienna 68/70   tel. (0-22) 24-85-75
- **Warszawa** 01-900 ul. Reymonta 8 p. 5   tel. (0-2) 663-70-69
- **Kraków**   31-512 ul. Lubicz 40   tel. (0-12) 67-68-42
- **Łódź**   90-244 ul. Jaracza 95/97   tel. (0-42) 79-06-46
- **Wrocław**   54-436 ul. Komorowska 23/5   tel. (0-71) 57-16-48
- **Białystok** 15-872 ul. Dąbrowskiego 1   tel. (0-85) 52-06-33
- **Szczecin** 70-745 ul. Metalowa 23a/2   tel. (0-91) 61-30-39
- **Tarnów**   31-100 ul. Rejtana 13   tel. (0-14) 21-18-46

Dystrybutorzy prowadzą sprzedaż hurtową i detaliczną.
Książki dostarczane są wprost do księgarni.
Zamówienia można składać również listownie lub telefonicznie.

Sieć dystrybucyjna „Vocatio"

Zgłoszenie
Wyrażamy chęć współpracy z Waszym wydawnictwem jako:

☐ *księgarnia autoryzowana*
☐ *dystrybutor wojewódzki*
☐ *dystrybutor regionalny*

Nasz adres

....

....

                                    ....
.... *czytelny podpis i pieczęć*

Klub Wartościowej Książki „Vocatio"

Księgarnia Wysyłkowa
Klub Wartościowej Książki „Vocatio"
skr. poczt. 54
02-792 Warszawa 78

Zgłoszenie

Proszę wpisać mnie (bezpłatnie) na listę członków Klubu Wartościowej Książki „Vocatio".

Książki proszę przesyłać na mój adres: ....
....
....

za zaliczeniem pocztowym po ...... egz. z każdego tytułu wydawanego przez Oficynę „Vocatio".

Zobowiązuję się do pokrywania kosztów przesyłki oraz kosztów pobrania pocztowego.

W przypadku, gdybym nie chciał otrzymać któregoś z zapowiadanych tytułów, powiadomię Was o tym listownie z wyprzedzeniem.

Jednocześnie zastrzegam sobie prawo zwrotu książki w ciągu 2 dni od daty otrzymania (z gwarantowanym przez Waszą Księgarnię zwrotem ceny książki), jeśli nie byłbym w pełni zadowolony z jej treści.

Książki zobowiązuję się zwrócić w stanie gwarantującym możliwość ich dalszej sprzedaży.

Mam już następujące książki Oficyny „Vocatio": ....

....

....

....

....

....

....
        data   czytelny podpis